あたらしい路上のつくり方

実践者に聞く屋外公共空間の活用ノウハウ

影山裕樹
編著

はじめに

本書は、近年流行しつつある屋外での「路上」イベントづくりにフォーカスを当てた事例集である。しかし、一言に屋外イベントと言っても、様々な形態がある。そこで、手段も成果もバラバラなバリエーションあふれる屋外イベントのノウハウを紹介することで、実際にこれから各地でユニークなイベントを立ち上げたい人の手立てになることを目指した。

路上での楽しみのひとつに、飲み食いすることが挙げられる。花より団子。もちろん、花見をやる際にわざわざ食品衛生管理の資格を取る必要はないけれど、事業として不特定多数のお客さんを相手にする場合は別だ。

さらに、趣味の合う仲間同士でバーベキューをするわけじゃなく、お店を出してお金をもらうイベントでは当然、その場所の占有許可を取る必要がある。ありていに言うならば「場所代」だ。公共空間は大きく「私有地」「公有地」に分けられ、公有地で何かイベントを開催したいならば自治体や国に許可を取る必要がある。具体的に言えば道路、河川など。

逆に、完全に自分やその家族が所有している私有地だからって勝手なことをしてはいけない。神社の参道、山林、海岸など。所有する裏山でバーベキューをやって、山火事になったらどう責任を取る？　人が死ぬかもしれない。必要な時に必要な法律や条例にアクセスすることは大切だ。

だが、それは新しいイベントをやろうと考えた時に一から学べばいい。本書で執筆していただいたような路上イベントを立ち上げてきた人も、最初はまったく知識がない状態で始めている場合が多い。いくら知識があっても、想定外のトラブルやリスクに対応できる実践知がなければ失敗する。だから本書では、制度の「グレー」の部分を乗りこなし、トライアンドエラーを重ねながら理想の風景を描き続ける方法を、実践者の言葉を借りて紹介している。

今後、各地で路上イベントを仕掛けたい自治体、個人、団体のみなさんの役に立つ本になれば幸いである。

もくじ

はじめに

p.2

tips

多様な市民が集う
屋外の公共空間を
つくるには?

影山裕樹

p.7

case 1

大自然の中で野外上映を楽しむ

星空の
映画祭

武川寛幸

p.25

case 2

公園で結婚式を開催する

Happy Outdoor
Wedding

柿原優紀

p.49

case 3

駅を酒場に

京阪電車・中之島駅
ホーム酒場

吉城寿栄

p.71

case
4
まち歩き事業の舞台裏　進化する観光
まいまい
京都
以倉敬之
p.99

case
5
祭りと融合し、地域にとけ込む
野外音楽
フェス
高岡謙太郎
p.119

case
6
水辺に飲食空間を作るには?
京都の川沿い、
愛知・殿橋テラス
榊原充大
p.145

case
7
香港の路上実践
アートセンター、路上バー、
ゲリラガーデニング
江上賢一郎
p.171

tips
屋外イベントを
成功させる
行政手続きの心得
笹尾和宏
p.197

あとがき
p.220

TIPS

多様な市民が集う屋外の公共空間をつくるには?

影山《かげやま》裕樹《ゆうき》

趣味や関心で分断された市民たち

「現代の政治は、左右の対立ではなく上下の対立であって……」
日本のみならず世界中の選挙戦のニュースを見るたびに、こんな言葉が政治家の口から語られるようになって久しい。

この本は政治について語るものではないので、ちょっと唐突すぎたかもしれないけれど、現代社会で楽しく暮らしていくためには、あながち、こうした見方を無視してはいられなくなってきている。

社会を構成するどの階層の人が、どんな趣味嗜好を持っているか。一億総中流幻想に浸って、マスメディアから流れる情報を一身に受け止める「大衆」があらゆるエンターテインメントの中心に位置していたこの日本で（しかしそのダイナミズムが経済を動かしてきた）、階級差を、経済面のみならず文化面から眺める視点はこれまであまり育ってこなかったように思う。

フランスの社会学者、ピエール・ブルデューは、社会を構成する様々な階級の人々の趣味嗜好がどのように異なっているかを研究した。「社会的位置空間と生活様式空間のマトリックス」というグラフで示して見せたように、経済資本が少ない市民の趣味にはテレビ、スポーツ観戦、競馬、大衆演芸、恋愛小説などが挙げられ、経済資本を多く有している市民の趣味はオペラ、展覧会、乗馬やホテルでのヴァカンスなどが挙げられるという。

時代も国も違うけれど、今のこの国に当てはめてみるとどうだろう。なんだか、近いものを感じると思うのは僕だけだろうか。

多様な市民が集い、利用し、交通する公園、広場、道路などの公共空間はいったい誰のものなのだろうか？　という議論は飽きるほど繰り広げられてきたけれど、「どんな場所だったら、大勢の人々が集まりたくなり、そして活気あふれる空間になるのか」という議論はまだまだ少ないように思う。

国の政策にしても、大規模な公共事業優先の経済政策か、地域のつながりを大事にするソフト戦略――地方創生か。これも左右どちらの論陣からも発せられる耳障りのいいキャンペーンでしかない。結局はトップダウン、ボトムアップ両者の間の多様なグラデーションの中にある実践的な事例を積み上げ続け、公共空間の利活用に対する一般市民のリテラシーを上げていく必要があるように思う。

実践に関わる知識が新しい風景をつくる

そんな公共空間の利活用について、理論と実践の両面から業界を牽引してきたOpen Aの馬場正尊《ばばまさたか》氏はこう語っている。「僕らは政治家ではないから、『公共の概念を変えよう』と声高に言っても説得力がない。建築家をはじめ、空間をつくることを仕事にしている人間ができることは結局、空間や建築で変化を起こし、理想の風景を描くことでしかない」（馬場正尊＋Open A著『RePUBLIC 公共空間のリノベーション』学芸出版社）。

では、建築家でもなければ不動産や施設運営のプロフェッショナルでもない一介の市民にできることはなんだろうか。建築基準法や道路交通法などの法律、自治体ごとの条例など専門的な知識が不可欠なこの分野において、傍観者や部外者として振る舞うことしかできないのだろうか。いや、少なくともひとりの都市生活者として、どんな「風景」の中で暮らしていきたいか、路上にはどんな可能性があるか、描き続けることはできる。ど素人でもアクションを起こせば何かは起きる。人様に迷惑をかければ当然怒られるし、法律に違反すれば警察に捕まる。でも、やらないでいるよりはやった方が経験値が蓄積され、失敗に学び、次こそ理想の風景を描くことはできるだろう。前著『大人が作る秘密基地』（DU BOOKS）で僕はこう書いた。

「生きるための力は二種類あると思います。内からわき上がる力と、外から押さえつける力。私たちは、この二つの力が拮抗している社会に生きています。しかし、外から押さえつける力は『殺す力』にもなります。私は、自己を規定し、自由を押し殺す力よりも、内からわき上がる『生きる力』が勝つ瞬間を、見てみたいと思います」

限られた仲間だけで共有する秘密基地だろうが、不特定多数が訪れる屋外だろうが、「自分の生き方を守るため」に場をつむぎ拓く、「内から湧き上がる力」の所在を明らかにしたいという想いは変わらない。いわば本書は、「屋外で作る秘密基地の方法論を語る」本、と思ってくれたらいいだろう。

内から湧き上がる衝動・アイディアをエンジンに

社会的存在である人間は、法律、契約書、結婚……などの約束事を守らなければならない。でも、時々みんな裏切っている。不倫、詐欺、夜逃げ……もちろん、法律で定められたルールを破ることがいいと言いたいのではない。内側から湧き上がる秘められた情動を統御・管理するために「法」という社会のルールがある。でも、本当に管理されているだけでいいのだろうか……内的情動に忠実であれ。それが、秘密基地という屋内のみならず、屋外においてこそ守るべきもっとも大事なもの、すなわち僕たち一人ひとりの「生きる力」なのではないか。「押し付ける力」に怯えているばかりではなく、そんな生きる力が「押し付ける力」に拮抗している社会こそ目指したい。

日本の都市の公共空間は、公園の「花火禁止、キャッチボール禁止……」など禁止事項がずらっと並ぶ看板を例に出すまでもなく、非常に窮屈で押さえ付けられるような場所が多い印象がある。日本橋や銀座を歩くと屋外でタバコを吸える場所がもう、ほぼない。三丁目の角に夕方5時にひっそり開いていたラーメン屋台はもう、来ない。

商業施設が所有する広場は当然、ショッピングに来る客層を想定し利益が出るようなイベントを展開するし、海外からの観光客が大勢訪れ、メディアにも取り上げられるような道路は、鉄道会社や国・自治体が躍起になって隅っこの汚い場所をきれいにしようとする。

「異なるコミュニティをつなぐ」がキーワード

公共空間と言えど、その場所を管理運営する事業者、土地所有者のさじ加減によっていかようにも偏りが生まれる。そしてほとんどの場合、想定するユーザーは限定されている。「社会を構成するすべての人々に、等しく、開かれた場所」なんて存在しない。でも、そのこと自体が問題なのではない。

今まで足りなかったのは、「異なる階層に属する人たちが、偶然出会ってしまう場所をど

多様な市民が集う
屋外の公共空間をつくるには?

うつくるか？」という考え方ではないだろうか。階級差を固定化する方向にいくのではなく、戦略的に（半ば無自覚に）、「異なるコミュニティをつなぐ」空間をどうつくるか、という議論である。

市民が集う公共空間に生成される公共性の概念について論じた、政治学者の齋藤純一氏は『公共性』（岩波書店）の中で、公共性の脅威についてこう書いている。

「社会的空間の『分断』という条件は、立場を異にする者たちの間の政治的コミュニケーションを妨げ、別の空間を生きる人びとに対する無関心や、歪んだ表象をもたらしていく」（齋藤純一『公共性』、２０００年、岩波書店）

僕たちはそれぞれが位相している階級や属性に甘んじて、その外側にいる他者をステレオタイプで表象したくなる。そして、そのレッテル貼りこそが、多様な市民が集う公共空間の公共性を阻害する要因になる。

こうして無自覚なままでいると、分断されたコミュニティはより分断される方向へと傾斜していく。その分断が強化されることで大きな衝突や社会問題に発展する。結果、相互不信に陥った人々は日々、同じ空間を行き来するけれど互いに出会い・語り合う機会を失っていく。

齋藤氏は、公共性について次のように定義している。「公共性は、複数の価値や意見の〈間〉

に生成する空間であり、逆にそうした〈間〉が失われるところに公共性は成立しない」。つまり、ナショナル・アイデンティティを強化する国家規模のイベントや、ある種の結社、組合、会社など、構成員のアイデンティティの帰属性を求める「共同体」は、真の意味での「公共性」とは異なる。共同体の同質的な空間に〈間〉は存在しないからだ。

僕たちは日々、公共空間のさなかで、異なるアイデンティティを持つ他者とすれ違い続けている。高級住宅街の住民も、低所得者マンションの住民も同じターミナル駅を使っている。しかし、お互いに対する理解を示すことはなかなかない。

「異なるコミュニティをつなぐこと」。こうした視点を持ち、馴染みあるこの国の伝統的な路上慣習をふと眺めてみると、いくつかの事例に多大なヒントが隠されていることに気づく。端的に言えば「祭り」。例えば、関西圏の人に馴染みのある「地蔵盆」は、その地域に住む人々が、その地域に住むすべての子どもたちを楽しませるために、公共の道路を占有して毎年祭りを開催している。そこでは、家柄の良さは関係ないだろう。はたまた高知のアーケード街には強引にちゃぶ台が置かれ、昼間から老若男女が酒をあおっているし、花見ともなれば寒空の中スーツを着たサラリーマンから財布の寒い学生カップルまで朝早くから公園の場所取りをしているし、大晦日・正月にもなれば全国の神社仏閣は観光客から地元の人まで大勢の人でごった返す。子ども、酒、花という「共通のテーマ」の元に「異なるコミュニティ」が集う好例だ。

この国では、法律や条例は、大きなトラブルがあってからつくられる。逆に言うと、その場を共有している構成員のあいだで合意できているならば、法律的にグレーであっても現状維持が守られる。地域の公共空間は、移動や買い物などの目的が明確に設定されている場所（デパート、空港）や利用者が限定されている場所（会員制サロン、シルバー施設）を除けば、ある意味、暴力的に「その地域に住むあらゆる人がすれ違う」場所でもある。彼らをある一定期間、同じ場所に滞留させることができたなら？　軋轢も生まれるだろう。トラブルも起きよう。過激な祭りは人が死んだり、神輿が建物を破壊することもある。しかしそれでも、「この風景がなくなるよりはマシ」という自治意識が働いているから、これらの祭りはなくならない。その瞬間、自分たちの属性や立場の違いはさておき、共通のテーマ（関心ごと）のもとに僕たちは互いに向き合えているのである。その時、普段、日常生活においては分断された「異なるコミュニティ」に属していた僕たちは、実はひとつの緩やかな、多様性のあるコミュニティ、つまり公共性を体現した集団を形成していることに気づく。長年続けられてきた「ハレ」の日が、実は歴史を通して地域の構成員が腐心しながら、そこを「みんなの場所」にするために試行錯誤し続けてきた事実に、改めて僕たちは気づかされるのである。

新しい参加者(ユーザー)にアプローチすること

ここまで書けばわかる通り、公共空間の利活用において重要な点は、いわば「多様な人が集まる新しい祭り」を生み出すポテンシャルをその場につくれるかどうかに尽きるのではないか、ということである。これは、集客に悩む都市部の商業施設や地方の公共施設にとっても重要な論点だ。文化施設運営にとっては馴染み深いアウトリーチ活動も、デパートや書店など洋服や書籍を販売する施設が別の業態を掛け合わせるのも、ふだん訪れない新しい客層を獲得するための工夫だからだ。

だから、成功した野外イベントの多くも、常に広報やラインナップ(出店者、出演者など)の選定の細部に至るまで、異なるコミュニティ(客層)にアプローチしているように思う。もちろん、「子ども向け」とか「ロック好き」とか、単一のキーワードで集まってくるにしろ、「どんな子どもでも楽しめる」とか、「ハードな音楽好きも、アウトドア好きも楽しめる」など、複数の属性や趣味嗜好を持った人々に幅広くリーチしているのが特徴だ。構成要素を「編集」し、メインターゲットを囲い込みながら、そこからこぼれるサブターゲットも射程にいれる。

そうしなければ利益を生み出さないし、多様な市民が集う場にはならないからだ。

本書では具体的に、以下のような屋外イベントの実践者の活動を紹介している。

・野外上映

フィルムからプロジェクターの時代に入って、安価に、安全に開催できるようになってきた屋外での映画上映。誰もが知っているポピュラーな映画から、シネフィルを喜ばせるマニアックな映画まで、屋外だからこそ味わえるスペシャル感を提供する。さらに、近年は映画だけではなく建物に映像を投影するプロジェクション・マッピングも流行している。こちらは1、2時間ひとつの映画を見続ける没入感はないが、映像の中を歩いたり、場合によっては設置物に触わると音が鳴ったりとインタラクティブな体験ができるものが好評だ。本書ではCASE1として、リゾートでの映画祭「星空の映画祭」を開催する武川寛幸さんに屋外での映画上映の工夫や気をつけるポイントを紹介していただいた。

・アウトドア冠婚葬祭

公園や河川敷で冠婚葬祭などのパーティを自主的に開催する人々も増えつつある。そうしたニーズをくみ取り、アウトドア・ウェディングやDIYお葬式を事業として取り組む企

tips

多様な市民が集う
屋外の公共空間をつくるには?

業や団体も生まれつつある。高架下ならば新郎新婦の昔の写真スライドを投影することができるし、急な雨にも対応できる。特別なイベントを自分たちの手で、特別な場所でつくる時代に突入しつつあるのだ。ＣＡＳＥ２では現代の若者カップルのニーズに的確に答え、カスタマイズ可能なアウトドア・ウェディング事業を展開する「Happy Outdoor Wedding」の運営について柿原優紀さんにご執筆いただいた。

・路上飲食

鉄道会社が、乗降客数の伸び悩む駅のホーム、高架下などインフラを活用したり、商業施設が閑散としている屋上やフロアを活用したり、河川や公園などの空きスペースを使ってユニークな飲食イベントを官民一体となって開催する例も増えている。最近ではＪＲ両国駅で開催され３時間待ちともなった「餃子ステーション」、古くからあるが京都・鴨川の「川床（ゆか）」などが有名だろう。ＣＡＳＥ３では鉄道会社の社員として、電車の車内とホームを酒場にしてしまう「中之島駅ホーム酒場」を仕掛けた吉城寿栄さんに社内や行政との交渉のやり方を、ＣＡＳＥ６では建築リサーチユニットＲＡＤの榊原充大さんに、関係者へのヒアリングを元に水辺空間で飲食イベントを行なうために越えるべきハードルを考察してもらった。

・まち歩きツアー

体験経済という言葉に注目が集まっている。いっときの「爆買いブーム」がひと段落して、海外からの観光客はモノからコトにお金を払うようになってきているという。国内にもニーズがある。普段、毎日歩いているまちなかを、ちょっと違った視点で眺めることができたら? 専門家や地元の詳しい人に案内してもらいながら、休日のたった2～3時間で今まで知らなかった飲食店やまちの歴史を知ることができる。また、趣味で出会った人なら友達や恋人にもすんなり移行できる……そんなまち歩きサービスを提供する団体も、オリンピックを見据え国内旅行が増える需要を見込み、各地で増えている。CASE4では京都でまち歩きサービス「まいまい京都」を運営し、年間600本ものツアーを行ないながら収益を上げている以倉敬之さんにまち歩きの醍醐味を執筆していただいた。

・音楽フェス

今や国内でも大小無数に開催され、ブームがひと段落した感のある音楽フェスだが、海外の大物アーティストを生で見られるとあって音楽ファンのハートを鷲掴みする一方、数日間その場に滞在する観客が音楽を聴いていない時間も楽しく過ごせるよう、フードコートやキャンプ施設など、どれも工夫を施している。また、音楽的な趣味の合う人々だけでなく、不特定多数の人々が往来する公共空間で音楽フェスをやるうえでは、フェスに興味のないお年寄りや近隣住民を排除しない枠組みを「センスのよいまま」成立させる工夫が必要になってくる。地域コミュニティと良好な関係を保ちながらユニークなプログラムを展開するにはどうすればいいか。CASE5では音楽ライターの高岡謙太郎さんに最近の先進的な野外フェスの事例を紹介してもらった。

屋外イベントの実施は、屋内に比べて越えるべき様々なハードルがある。天候、法律、資金、安全、などなど。こうした条件は、予期せぬタイミングで突然目の前に現れることが多い。理論的に、数値的に、事前シミュレーションを何度重ねていても、想定外のトラブルは起こってしまう。だから、できるだけそうしたイベントを実施までこぎつけたプレイヤーの言葉で語ってもらうことを目指した。さらにTIPSとして、民間の商業施設に勤めながら、個人で路上実践に関する研究を行なっている笹尾和宏さんに、公私両面でぶちあたってきた法律の壁をわかりやすく紹介してもらっている。また、国外の事例と比較考察するために、CASE7ではアジアのオルタナティブスペースの研究をしている江上賢一郎さんに香港の路上実践を紹介してもらった。

地域に存在する多様な立場の人々が、対立することなく、お互いの理解できない部分を棚上げにしたまま、ひとところに集まる風景をどう生み出すか。

場をつくること、「公共」とは何か？　を考えるということは、何もそんな大それたことじゃない。「新しい法律」をつくれば解決する問題じゃない。ふだん触れ合う機会のない異なるコミュニティに積極的にアプローチし、共通の関心ごとのもとに集う機会を編み出すこと。それが「新しい路上」を発明し更新し続ける一番の処方箋ではないだろうか。

case

1

大自然の中で野外上映を楽しむ

星空の映画祭

武川《むかわ》寛幸《ひろゆき》

星空の映画祭が生まれたきっかけ

八ヶ岳の麓、長野県諏訪郡《すわぐん》原村《はらむら》。ここには夏の間だけ、星空のもとに開館する映画館がある。「星空の映画祭」は映画版の野外フェスと言ってしまえば物珍しくもないが、30年以上継続し、２０１７年には総入場者数が１万人を超えた、地方の山奥で開催される屋外型の映画祭、といえば日本全国を見渡してもなかなか稀有な存在であろう。

記念すべき星空の映画祭の幕開けは１９８３年の夏。原村でペンションと不動産業を営む柳平二四雄《やなぎだいらふじお》さんと、隣接する茅野《ちの》市に映画館、茅野新星劇場をかまえる柏原昭信《かしわばらあきのぶ》さんのおふたりによって立ち上げられた。当時劇場公開されていた「風の谷のナウシカ」に感動した柳平さんが「この映画は野外で観られるべきだ」と思い立ち、原村から一番近い映画館の支配人である柏原さんにアポなしで押しかけたのがきっかけだ。「ここで上映したいんだ」と半ば強引に連れてこられた標高１３００メートルの原村の高原の美しさに圧倒された柏原さんは、後のことも考えずに「やろう」と返答した。

八ヶ岳に囲まれた長野県の中部に位置する諏訪郡原村は、人口７５００人ほどの村だ。隣接する村々は昨今、市や町に吸収合併されたが、原村はそれを拒んだ。人口に対して比較的豊かな財政と、手つかずの大自然という資源を守るためといわれた。小さな村ではあるが、レタスやほうれん草といった高原野菜の生産が盛んで、夏場のセロリの生産量は日本一である。冬場の寒さは厳しいが、夏は涼しく湿度も低い。都心からのアクセスも程よいため、避暑地としての観光事業も盛んで、別荘やペンションビレッジなどの宿泊施設が数多く存在する。さらには街灯も少なく空気の澄み渡った高地ゆえ天体観測に適しており、抜群の星空を望むことができるのも魅力のひとつだ。そんな原村で始まった「星空の映画祭」。ただの原っぱにどうやって映画館をつくったのだろうか。

原っぱに突如生まれた映画館

「星空の映画祭」は一般社団法人原村振興公社が運営する八ヶ岳自然文化園（１９８９年開館）の野外ステージで行なわれる。映画祭のスタートした１９８３年当時にはまだ八ヶ岳自然文化園はなく、クアパークと呼ばれる公園の中に野外音楽堂だけが存在した。音楽堂と言えば格好もつくが、実際は土台と石段の客席があるだけで、電気も通じていない粗末なものだった。誰にも利用されることのない音楽堂を日々眺めていた映画祭の仕掛け人のひとり、柳平

さんは、ここで「風の谷のナウシカ」を上映することを夢想したのだった。原村の管理するクアパークの使用許可を得たものの、電気や設備は一切ない。そのため、原村から提示された会場の使用料金は微々たるものだったが、ここには映画を上映できる機材はひとつもない。

前述した茅野市の新星劇場支配人・柏原さんは、1957年から一貫して映画館運営を生業としてきた。映写に関してはプロフェッショナルだ。過去には学校や公民館などでの移動式の映写、出張上映を請け負っていたこともある。長年映写を続けてきた柏原さんにとって、映画館を飛び出し、屋外で映画を上映することはさほど難しい

ことではなかった。しかしながら、土台と客席だけの原っぱを目の前にしては、そう簡単にはいかない。さっそく防水シートを張り合わせた巨大スクリーンの制作や、映写小屋の建設にとりかかる。時には近くの電柱から分電し、イリーガルに電気をひっぱってきたこともあった。

次のステップはどのように映画を借りてくるかである。まず製作された映画がどのように流通していくのかを簡単に説明しよう。完成後、映画は、映画製作会社と配給会社の間で契約、売買される。映画の配給権を得た配給会社は全国の映画館と交渉。契約が成立すれば、晴れて映画館にフィルムが到着する。これが映画市場の基本構造

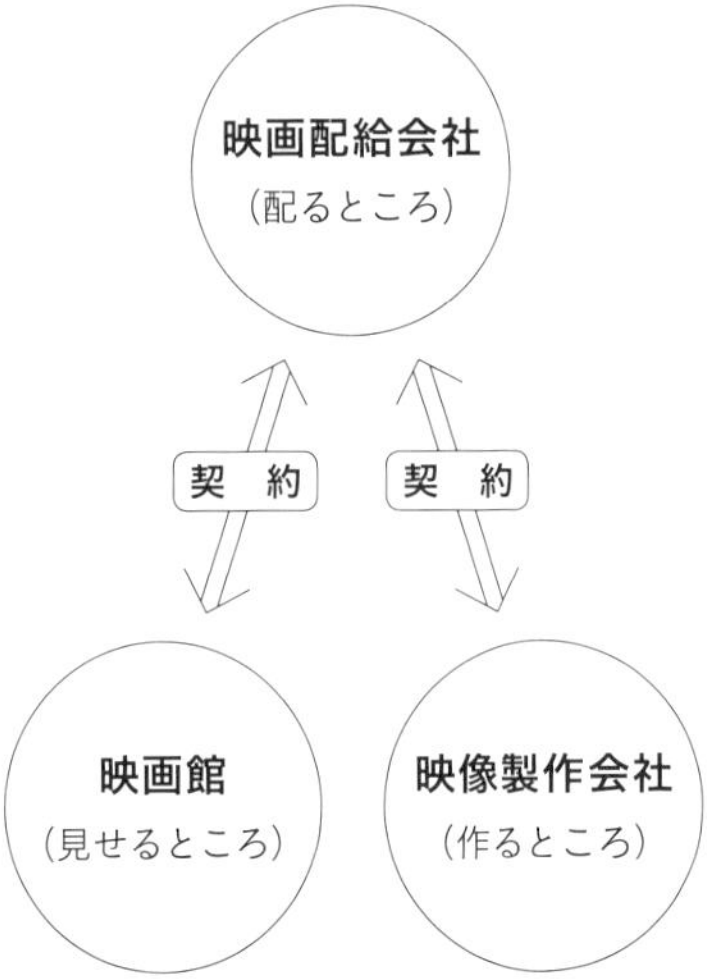

だ。柳平さんが野外上映を思い立ち、まず先に事を相談したのが柏原さんであったことは功を奏した。映写機材を兼ね備えた点はもちろん、映画を借りるためには配給会社と交渉しなければならない。映画業界は今でこそ緩和されたが、言うならば寡占市場で、当時は映画館以外の人間が映画を借りることは不可能だった。業界の蚊帳の外の人間がいくら配給会社に掛け合っても、作品を借りることは難しい。映画館と配給会社というパイプがあってこそのものなのだ。

ペンション、別荘ブームが成功の後押しに

1983年、第1回目の星空の映画祭が開幕した。（当初は「スターダストシアター」と呼称した）上映作品は「未知との遭遇」「風の谷のナウシカ」「蒲田行進曲」「クレイマークレイマー」「炎のランナー」の5作品。柳平さんが選定した渾身のラインナップだ。満天の星空を望み、木々

に囲まれた会場で臨場感が増すSF映画、映画祭誕生のきっかけとなった「ナウシカ」に加え、邦画の名作や重厚なドラマを添えているあたりのバランスは、多くの人を期待させ、受け入れられた。7月22日から9月1日までの42日間の開催で動員数は4900人。

地元の新聞や広報誌へのプロモーションなど限られたメディアへのアプローチを行ない、ほとんどは県内からの来場者で、客層は子連れのファミリーから年配客まで幅広い。数は少ないが東京からの観光客がたまたま会場付近に宿泊し、その場で映画祭のことを知って来場するパターンもあった。なかでも好評だったのが幕間に行なわれるビンゴゲーム大会。スポンサーはシチズン、パイオニア、三菱自動車など大企業がズラリ。豪華景品に会場が沸いた。

当時、ペンションや別荘ブームも相まって原村が徐々に注目を集めていた。原村にペンションビレッジをつくる計画が始まると、県内のみならず全国から多くの移住者が原村へやってきた。1975年以降は徐々に数を増やし1980年代の最盛期には100軒近くのペンションがあった。バブル経済で沸いていた日本。星空の映画祭とペンションブームは大手企業にとっても絶好のPRの場所であった。柳平さんは作品選定とスポンサー探しを担ったが、映画祭の会計には関わらなかった。設備投資や配給会社に支払う映画料（映画を借りる際に発生する金額は後述する）など運転資金はすべて柏原さんが用意したこともあり、利益は茅野新星劇場に流れるようにした。不動産業を営んでいた柳平さんには収益こそないが、原村への観光客の誘致が将来一番の利益になると考えた。一方で、１９８０年代、柏原さんの茅野新星劇場は観客数の減少に頭を悩ませてきた。朝昼に子ども向けのアニメ、夕方以降はピンク映画を上映するなど、プログラムを工夫してその危機を乗り越えてきたものの、「あそこはポルノ映画館だ」と揶揄されるなど、思うように観客は増えなかった。そんな中、柳平さんから提案のあった「星空の映画祭」は渡りに船で、映画館の再起を図るのに恰好のアイディアだった。

やがて原村は１９８９年にクアパークを大幅に整備。レストランやパターゴルフ、ドッグランなどのアスレチックに加え、プラネタリウムなどの自然観察科学館を有する八ヶ岳自然文化園を開館させた。同じタイミングで野外音楽堂もリニューアル。原村の予算で映写小屋や土台も新しくなった。第2回、３回と数を重ね、星空の映画祭は年々会期が長くなり、８月から9月にかけての２か月間開催されるようになった。柳平さんと柏原さんによる星空の映画祭は２００５年まで23年間続き、多くの観客を魅了した。長野県岡谷市《おかやし》で生まれ育った私もそんな観客のひとりだった。しかし２００６年夏、星空の映画祭は突如休止となった。

映画祭の復活に向けて動き出す

２００９年の冬、私は星空の映画祭の休止要因をリサーチするべく原村を訪れた。大学進学で上京、就職した私は、当時吉祥寺にあった映画館、吉祥寺バウスシアターに勤務していた。映画だけでなく、ライヴや落語など多岐にわたる催しに対応したマルチシアターであり、なかでもライヴ用のサウンドシステムを使用して大音量で映画を上映する爆音映画祭は大きな話題となり、同館の名物企画となった。近隣に続々とシネコンができるたびに客足は減少。新しい映画館との差別化を図り、生き残っていくために、独自の企画を日々考案していた。

そんな自分自身の経験を活かして映画祭の再開の手伝いができないだろうかと考えていた。まず誰が星空の映画祭を運営していたのか、そしてなぜ休止となったのか。その理由を知るために柳平さんを探し当て、ご自宅を訪ねた。「君たちのような若い人がいつか訪ねてくることを待っていたんだ」、そう言って迎え入れていただき、柏原さんも紹介してくれた。しかしながら、映画祭休止に至った過程はなかなかハードなものだった。

休止を決断した理由はいくつもあった。主催者の高齢化（柳平さんは１９５０年、柏原さんは１９３７年生まれ）。バブル経済の終焉にともない、徐々にスポンサー企業がなくなったこと。

インフラ整備や再開発による樹木の伐採が要因となり、天候変化が起き局地豪雨が増えたこと。前払い制度の導入や抱き合わせ商法など配給会社との契約条件が変わり、映画が借りられなくなり、思うような作品選定ができなくなったこと。柳平さんへの「売り上げを独り占めして儲けている」など地域住民からのやっかみ……。何よりも唖然としたのは、茅野新星劇場を訪れた際、ひとりもお客さんがいなかったことだ。映画祭の母体ともいうべき柏原さんの映画館が完全に開店休業状態にあった。

星空の映画祭休止当時、映画業界では世界規模で大きな変革が起こっていた。映画のデジタル化である。映画のメディアがフィルムからデジタル供給に変わったのだ。ソフトがデジタルに変わったので、映画館はハードを導入しなくてはならない。その価格が２００９年当時でざっと１０００万円。個人映画館にとっては大きな出費だ。設備投資できない映画館は次々と閉館していった。地方都市の商業施設は駅前から郊外へ移行し、映画館も駅前ではなく郊外のシネコンが主流となった、そんな時代である。また個人映画館の閉館や倒産にともない、個人映画館への配給に前払い制度を設ける映画配給会社も現れた。倒産されてはお金を回収できない。ならば前金制度にしてまずは１００万円預かりましょう、といった具合に。

でもあの原っぱには映写室も映写機もそのまま残っている。映画館の経営は傾いているも

の の、柏原さんは健在だ。やり方を工夫すれば再開するチャンスはあるのではないだろうか。こうして映画祭復活へのプロジェクトが始動した。発起人は原村在住の秋山良恵《あきやまよしえ》さん。彼女とわたしはかつて吉祥寺バウスシアターでともに働いた仲だ。彼女は東京のアパートを引き払い地元・原村へ帰り家業の農家を手伝っていたが、かつて映画館で働いた経験を生かし、星空の映画祭の復活を思い描いていた。ある日、そんな相談を受けた私と一緒に柳平さんと柏原さんを訪ねてまわったのだ。

若い世代を巻き込み新たなチームで再スタート

秋山さんは発起人として、柏原さんを粘り強く説得し、「やり方を変えれば再開できるかもしれない」という言葉を引き出し、正式に映写業務一式を依頼した。同時に映画祭の会場となる八ヶ岳自然文化園とも交渉を始めた。私は配給会社との交渉や広報など、実務を引き受けることにした。

とはいえ、圧倒的に人手不足である。とにかく仲間を集めるために当時流行していたソーシャル・ネットワーク・サービスのmixiで呼びかけを始めた。数日すると原村を中心に地元の方から少しずつ声がかかり始める。レーシングドライバー、ミュージシャン、警備員、

陶芸家、農家、バックパッカー、グラフィックデザイナー……。10名ほど集まった仲間の共通点は映画が好きなこと。そのほとんどがかつて星空の映画祭を体験した、いわば映画祭で育った子どもたちだった。20代から60代まで様々な人々が一堂に会し、実行委員会を組織した。

八ヶ岳自然文化園とは事実上、共同主催というかたちをとることが決まった。予算が下りるわけではないが、役場のバックアップを得ることができる。いかんせん運転資金がゼロからのスタートだ。実は秋山さんが役場まで行き村長に「力を貸してほしい」と直談判したこともあった。その効果があったかどうかはわからないが、まずはやってみて、映画祭が軌道にのるまでは、という条件で、光熱費を除く会場費を免除してもらった。

映画選定は難航したが、テーマははっきりしていた。かつて自分自身があの場所で感じたロマンとダイナミズム。「観る」だけではなく「体感」する。そんな感動を与えてくれる映画を上映したい。加えてターゲット層を幅広くすること。性別や年齢を問わず、娯楽映画好きからコアでマニアックなシネフィルまで取り込むこと。

さて、ここからは映画配給会社との交渉である。映画製作会社から上映権を得た配給会社が、映画館に映画を卸す構図は前述した。上映権とは邦画と外国映画で異なるが期間が定められていることが多い。長いもので10年、短いもので3年程度、日本国内で上映できる権利がある。次にフィルムが現存するかどうか。古い映画の場合、権利はあってもなんらかの事情でフィルムを処分した、もしくは経年劣化による傷みで使い物にならないということもある（余談だがＤＶＤやブルーレイは上映用ではなく家庭内視聴を目的としていることから上映素材として認められていない。また、これらはパッケージしてソフト化する権利が別に存在しており、配給会社ではなく映像ソフト企業が担う）。星空の映画祭は劇場の立場なので、まず配給会社に権利とフィルムの有無を確認するところから始まる。

上映権を得るための重要なステップ

権利はフィルム（上映素材）があったからと言ってすぐに貸出が決まるわけではない。新作映画の場合は前もって提携映画館での上映が決まっているなど、すでに供給のラインが存在する。東宝の場合はＴＯＨＯシネマズ、松竹作品場合はＭＯＶＩＸなど、直営の映画館がある場合は必然的にそこに供給される。イオンシネマのような大手企業の劇場網や、独立系のシネマコンプレックス、個人経営の映画館でもほとんどが大手配給会社との提携、もしくはコネクションがある。これらの映画館で新作映画が上映されている間は、星空の映画祭に限らず、そのほかの映画館へは供給されないと考えてよいだろう。

これらは全国１００館以上で展開されるメジャーな映画の例であるが、一方で小さな配給会社と映画館による配給網も存在する。ミニシアター系とか単館系と呼ばれるものだ。低予算の映画は権利料も安いため、小さな配給会社でも買付できる。だが予算も少ないため、この手の映画は少ないフィルム（１本〜５本）で全国を巡回していた。ゆえに都市部とそれ以外の地域では公開の時差が生じていた。封切から公開時期が遅れても良質な映画を上映し続ける単館系の映画館は固定客がおり、ほかの映画館と競合することなく絶妙なバランスで成り立っている。

では公開から半年以上経過した映画の場合はどうだろうか。まずは上映を希望する日時が、ほかの映画館と重なっていないか確認が必要だ。たとえば同じ日に北海道と沖縄の2か所で上映する分には問題ないが、これが同じ東京23区内で、となると話は別だ。結果的にお客さんが分散したり、映画館同士取り合いになったりするかもしれない。そもそも上映素材は複数あるのかどうか。各映画館の入場料金に差はないかどうか。そんな理由から、同時期に近隣で上映が決まっていた場合は、配給会社から貸出を断られるケースがほとんどだ。

そんなことも考慮し、近隣の映画館に出向いて企画趣旨を説明するようにしたが、猛烈なクレームを受けたこともある。ヨーロッパ映画やアーティスティックなドキュメンタリー映画など非メジャーな映画を率先して上映する個人映画館だ。「生意気なことをするな。こちとら商売だ、ただでさえ少ない客を横取りするんじゃない。うちと似たような映画はかけるな」と。法律はないが、業界のルールがある。ご近所へのご挨拶は決して怠ってはならない点だろう。

さて、いよいよ契約である。映画を借りるのにいくらかかるか。結論から言ってしまえば、各社様々である。大きく分けるとフラット制度と分率精算制度の二種類が主だったものだろう。フラット契約はレンタルのようなもので、1回10万円とか100万円とかあらかじめ金額が決まっている。決まった金額を支払えば契約が成立。後日上映素材が送られてくる。対して分率精算はその映画で得た興行収入を配給会社と映画館とで一定のパーセンテージで分け合うというもの。この分率も配給会社や映画作品、または公開時期によって異なる。後払いのため、観客動員数で分率が変動することもある。二社で50％ずつ分配するのが基本的だが、「崖の上のポニョ」では分配率が配給会社70％、劇場30％という驚異的な例もあったと聞いたこともある。

お客さんを楽しませるセレクトの妙

前述した理由で、星空の映画祭では新作映画を上映することは難しい。フラットは動員数が多く収入が増えた場合、定額以外の売り上げは映画祭のものとなる利点があるが資金がないので、前払いするのも不可能だ。かといって、復活した星空の映画祭のような新しい組織に後払いの分率契約を結ぶ配給会社は少ない。幸い、現役で映画業界で働く私自身のコネクションをフル活用し、分率契約にこぎつけることができた。仮に動員数が少なく収入が減ったとしても、映画にかかる経費ではマイナスにならない。何よりうれしかったのは、配給会社の営業さんの何人かは過去に星空の映画祭に足を運んでくれていたことだ。

ジェームズ・キャメロン監督の「アバター」、アポロ計画に携わった宇宙飛行士たちのドキュメンタリー「ザ・ムーン」、役所広司初監督作品の「ガマの油」、そしてオリヴィエ・アサイヤス監督のフランス映画「夏時間の庭」の4作品の上映が決定した。どれも幅広い客層を意識したものだ。原村や会場の雰囲気を意識した選定にもこだわった。さらにはアメリカ映画だけではなく、フランス映画を取り入れたり、ドキュメンタリー映画を組み込んだりすることでジャンルに幅も持たせた。4作品に絞ったのには理由がある。連日、夜1回の上映とはいえ、2か月の間会場にべた付きするわけにもいかない。思いきって2週間の限定開催とし、会期の見直しをした。会期が長ければ作品も増え、経費が増す。

アクセスの悪さを逆手に取る

ウェブサイトも新たに立ち上げた。知人のウェブデザイナーを頼り、破格で作成してもらった。上映作品の解説のみならず、会場の雰囲気が伝わるよう、現地の写真を多く使用した。

また県外からの集客を意識し、会場までのアクセスをていねいに記載した。なんだか当たり前で簡単なことのようだが、実はこれまでの星空の映画祭ではおろそかになっていた部分だ。さらには車でないとたどり着けないことや、近隣にはコンビニすらなく、夜になれば真っ暗。虫よけ必須など、娯楽イベントとしてはマイナス要因になることも大いにアピールした。もちろん注意喚起としてではあるが、こういった演出で非日常を感じてもらうためだ。チラシは広告代理店を営む高校時代の同級生を頼り、地元の印刷業者が物品協賛というかたちでチラシ印刷代金を負担してくれた。チラシの配布先は県内が中心だが、東京のミニシアター系の映画館でも設置してもらった。コアな映画ファンが集う場所での宣伝は外せない。

映画祭の会場となる野外ステージも手入れが必要だった。草刈りから、手づくりの看板の製作、歩道の補修など、夏場には骨の折れる作業だ。夜にならないとわからないこともある。入口から会場までの通路に街灯がなく、夜間は真っ暗になってしまうのだ。屋外用の照明器具を買う予算もないし、景観も美しくない。そこで地元の蝋燭作家に協力してもらい、大型のキャンドルを並べることにした。自然と調和した温かみのある蝋燭は会場を大いに演出してくれた。仕上げはスピーカーとスクリーンの設営だ。センターと左右のスピーカーは野外ステージに、リアスピーカーは木々に吊るす。スクリーンは風で煽られるため、最後に行な

昼の会場と夜の会場

う。多少の〝遊び〟をつくるためゴムを用いて鉄柱に結わえる。すべて、長年経験を培った柏原さんのアイディアだ。これらの設営は1日かけてボランティアスタッフによって行なわれた。

開催に向けたプロセスを見せる

八ヶ岳自然文化園の協力で、地元マスコミに一斉にプレスリリースを送信。チラシの完成・会場の設営・映画祭初日から楽日まで、そのたびに取材してもらい、映画祭がかたちづくられる過程をそのつど記事にしてもらった。「何をやる」だけでなく「誰がどのようにして」という側面を大事にした。休止した映画祭を地元民が復活させる、という物語ができたことで、記事にもなりやすいし、読者の心にも留まる。さらに原村在住の小中学生は思いきって入場無料にした。いつでも入場できる手形、通称「原っこパス」を作成し、小中学校を通じて配布した。子どもだけでは来場できないルールを設け、小中学生は成人との同伴を条件にした。子どもが無料でも付添いの家族が来てくれることで収益につながる。でも本当の狙いはいつかこの子どもたちの中から、未来の星空の映画祭を引き継いでほしいという願いが込められている。

経費一覧

フィルム映写料	750,000
チラシ印刷料	18,700
前売券印刷料	7,980
ウェブサイト制作・通信費	26,130
会場費（電気代）	133,545
映画料	427,492
材料費	87,553
合計	**1,451,400**

２０１０年８月８日（日）から８月22日（日）までの15日間、星空の映画祭は復活した。来場者数は１５８３名。過去の成績には及ばないが、何よりも「復活してくれてうれしい」「素敵な企画をありがとう」「待ってたよ」と来場者に声をかけてもらえたことがうれしかった。収入は１５０万円。経費はギリギリ収まった。繰越金はなかったが赤字にはならなかった。

屋外ならではのトラブルこそ、盛り上がる要因に

雨が降ることも多かったが、ひとりでもお客さんがいる限りは上映を行なった。復活してからこれまで中止にしたのは、大型台風が接近し強風でスクリーンが吹き飛びそうになった1日だけだ。雨の対策は、どうにもできないのが正直なところで、お客さんに各自雨具を持参してもらうか、雨よけテントに移動してもらうかしかない。対策をお客様に委ねたかたちなのだが、意外にも雨を好意的に感じてもらえたこともあった。「星は見えなかったけど、映画の雨の場面とシンクロしておもしろかった」という具合に、悪天候自体が、映画を盛り上げる演出となって機能したのである。これは盲点であった。

映画の音声が出なくなってしまう事故もあった。原因を探ったところ、音声ケーブルに獣が噛り付いた跡が残っていた。ヤマネの仕業であろうか。結局正体は不明のままだ。野外ならではのトラブルである。夜道に突然シカが現れることもしばしば。交通事故には気をつけたいものだが、私がシカに遭遇したのは映画祭復活から3年目だった。その時はなぜか「ようやく私も原村に受け入れてもらえたのかな」と妙に感動したのだった。

怒涛の復活劇からあっというまに8年が経った。2017年の来場者数は1万人を超え、

星空の映画祭ホームページ

当初の予想をはるかに超えた支持を集めている。ボランティアスタッフの数も流動的ではあるが50名前後に増えた。今では復活させることから、いかに継続していくかが目標になっている。独身だったスタッフも今では結婚し子どもがいる。引っ越しや転職で生活スタイルが大きく変わった者も、意見の対立から離れていった者もいる。そんななかで若いスタッフを育んでいかなければならない。柳平さんと柏原さんの苦労が今になって身に染みるようになった。

映画館では味わえない体験をつくる仕事

スタッフも増え、来場者も増えると、それだけ意見も増加する。一度、上映作品のリクエストをウェブサイトで募ったことがある。その結果はそれぞれ思い思いの映画が横に並んで伸びていくだけだった。かつて柳平さんは「大衆に迎合することで、本来の持ち味というかゴツゴツした魅力が薄まっていく」と言ったことがあった。この作品をこの場所で見せたいという強い決意が求心力を生み出していく。きっと人々を惹きつけるのは物語だと思う。愛されるには物語をかたちづくっていくことが重要だ。地元の人間が地元で頑張る。それだけでも充分物語は生まれる。ほんの少しのアイディアと大いなる情熱で、この映画祭は誕生した。でも、一番の主役はこの場所である。野外上映は映画に魔法をかけてくれる。大自然の星明かり、木々や風の音が、その場限りの演出を、会場全体に与えてくれる。映画と大自然のシンクロ。映画館では味わえない体験である。

武川寛幸（むかわ・ひろゆき）
1979年生まれ。長野県岡谷市出身。2002年吉祥寺バウスシアターに入社。企画・番組編成を担当。名物企画「爆音映画祭」の立ち上げスタッフのひとり。2014年同館閉館のため退社。2010年から「星空の映画祭」に携わる。現在は都内映画館に勤務。問い合わせは mukawa.hoshizoraeiga@gmail.com

case

2

公園で結婚式を開催する

Happy Outdoor Wedding

愛知県岡崎市の籠田公園で開催したアウトドア・ウエディング。
まちの人々が多く参加してこのまちならではの1日が実現した（撮影：豊住千明）

柿《かき》原《はら》優《ゆう》紀《き》

アウトドア・ウエディングのHOW TOを紹介（H.O.Wウェブサイトより ©Happy Outdoor Wedding）

「公園で挙式」が選択肢のひとつに

「Happy Outdoor Wedding」は、結婚式の専門会場とされていない場所で結婚式をするためのＨＯＷ ＴＯを紹介するＷＥＢメディアだ。

これまで日本各地で開催された結婚式の様子を記事にして掲載する「STORY」のコーナーには、キャンプ場などの民間経営の施設での開催から、海岸や植物園、そして公園などの公共空間での開催事例が並んでいる。さらに、連動して運営しているＷＥＢメディア「Happy Public Wedding」では、開催を受け入れてくれる公園のリストや公共空間での開催に特化したサポート、オリジナルアイテムの貸出情報を発信して

日本各地の公共空間を舞台にしたウエディング
開催の様子や受け入れフィールドを紹介
（H.O.Wウェブサイトより ©Happy Outdoor Wedding）

いる。同時に、空間の利用活性化のためにアウトドア・ウエディングを受け入れたいと考える自治体や公園管理団体へのサポートなども行なっている。

これらは現在、私が小さく経営するメディアやイベントの制作会社であるtarakusa株式会社の事業として運営している。実際には、Happy Outdoor Weddingはごく個人的なプロジェクトとして誕生し、それを事業として本格的に進めるため会社をつくった。

今、アウトドア・ウエディングをしたいという新郎新婦、アウトドア・ウエディングを公園やまちの活性化コンテンツとしてスタートさせたいと考える公園管理者やまちづくり関係者は増えている。ここ数年で、InstagramなどのSNS上でも、公園ウエディングなどの様子をちらほらと見かけるようになってはいないだろうか。しかし、Happy Outdoor Wedding（以下、H．O．W）が小さなブログとしてスタートした２００９年、「アウトドア・ウエディング」は耳慣れない言葉で、口にするたびに、「何それ？」「そんなこと本当にできるの？」と聞き返された。そして、インターネットで検索してみてもヒットせず、アルファベットで打ち直してみてやっと海外のアウトドア・ウェディング記事が出てくるくらいだった。

メディアとしてのプロジェクト立ち上げ

２００９年、「こんなことができたらいいなぁ。できないものかな？」というごく個人的かつ等身大の疑問と妄想から、アイディア発信型のブログとしてプロジェクトは立ち上がった。当時私は出版社に勤務していて、主に「ローカル」や「社会起業」といった題材でリサーチや取材、執筆、編集をする日々を送っていた。そして、ゆくゆくは独立して自分が描くメディアや事業を立ち上げたいと考えていた。プライベートはというと、28歳、周囲でも結婚や結婚式の話題が頻繁に挙がるようになっていた。しかし、「結婚式、しなくてもいいかも」、そんな考えが同世代の間でも多くなっているように感じていた。いざ結婚式について調べてみると、専門会場のプランが松竹梅式であふれてくる一方で、挙式率は全国的に低下している。新鮮な企画で新しい風を吹き込むユニークなブライダル会社ももちろんあったのだが、私は、「自分の住むまちの公園で、自分らしい結婚式をつくることができたらいいのに」と、こんな夢を思い描いた。

すぐに企画化してしまうのは職業柄もあるが、この頃は事業のための企画として考えていたのではなく一市民としての提案だった。それが、このプロジェクトのスタートだった。私は、公園でのウエディング開催事例はないかと仲間と一緒にリサーチし、噂を聞きつけては取材を行ない、その事例をSTORYとして執筆した。そして、勤めていた出版社からの独立を機に、プロジェクトを本格的に進めることにした。

「なぜ公園でウエディングをしようと思ったの？」「場所はどうやって決めたの？」「どんなふうに計画を立てたの？」「どんなふうに準備を進めたの？」「準備にはどれくらいの時間をかけたの？」「ウエディングではどんなことをしたの？」「ゲストや友人には何を手伝ってもらったの？」「どんなことで苦労したの？」「失敗したことは？」「お金はどれくらいかかった？」「雨だったらどうする予定だった？」「開催してみた感想は？」などの、アウトドア・ウエディングに少しでも惹かれる人たちが疑問に思うであろうことが、記事のなかでは紐解かれていく。そうやってＨＯＷ ＴＯを紹介していると、「こんなウエディングをしてみたいと思っていた」という未来の新郎新婦からの問い合わせや、メディアの取材も増えた。そこで、サイトも見やすくつくり直し、イメージしているウエディングについての相談に応える小さなイベントの開催もスタートした。

アイディア発信のメディアとして立ち上げたプロジェクトだったので、実は予期していなかったのが、「お仕事として私たちのウエディングをサポートしてもらえませんか？」という問い合わせ。その問い合わせに、ブライダル業界での経験もない私は、「あくまでもアイディアサイトなので、サイトを観てチャレンジしてみてください」という曖昧な返事を繰り返していた。しかし、同時にクリエイターやプランナー経験者からも「こんなことが仕事になったらいいのに」という声を聞くようになり、その可能性について考えるようになった。これがサービスとなれば、利用したい人、仕事をしたい人がいて、需要と供給が合うはずだと思った。

集まるリクエストを現場へと繋ぐ

しかし、いざ新郎新婦からの相談を受け入れて、それぞれの希望を聞いてみるとそのたびにぶつかるのが、「公園利用の壁」だった。相談に来る新郎新婦たちの多くが口にするのが、「公園利用って、勝手にしていいの？」「利用申請ってどうやってするの？」「ルールがわからない」「公園って誰のもの？」という、「そもそも」な疑問だったのだ。

H・O・Wへの問い合わせや相談会などのイベントに来る新郎新婦たちから挙げられるなかで最も多いのは、「公園で結婚式をしたい」という要望。特に、代々木公園や新宿御苑をはじめとする都内の人気公園の名が挙がる。そして、「家の近くの○○公園」、「ふたりでよくデートした○○公園」、「毎年お花見をする、仲間たちにとっても愛着がある○○公園」など、個人ごとに思い入れのあるたくさんの公園もリクエストに挙がった。

「自分の好きな公園で結婚式ができたらどんなに素敵だろう」

私は、それを実現する方法を考え始めていた。

曖昧なルールと前例主義の壁

まずは、名前の挙がった公園の管理事務所に電話をしてみる。「そちらの公園でアウトドア・ウエディングを開催したいのですが、事前に許可などを取る必要はありますか?」。すると、窓口の中年らしき職員さんからは「アウトドア・ウエディング? ちょっと聞いたことがなくて、どんなものなのかわからないのだけど」という答え。アウトドアでウエディング、かなりシンプルでわかりやすいと思うんだけど……。めげずに自分たちが描いているウエディングのイメージを説明する。すると、少し間を置いてこう返ってくる。「前例がないのでちょっと……」。そりゃそうでしょう、ないからつくろうと思ったのだから。他の公園からも、「そういったことに特別な許可はしていない」といった返事ばかり。では、どういう手順を踏めば許可が降りるかと聞いてみても要領を得ない。前例がないから、フォームもなければ窓口もない。担当者もいない。要は、「明確に禁止されているわけではないけど、明確に許可もされていない」ということ。

正面から指定管理団体にアウトドア・ウエディング開催の許可を求めて問い合わせてみても、門前払いの連続。たとえ閉ざされていた門が少し開いて検討してもらえても、たいした前進もないまま、結局は「前例がないので」と、再び門は閉ざされてしまう。希望者もそれをかたちにできるメンバーもいる。ＨＯＷ ＴＯの事例もある。なのに、公式に受け入れの許可を出してくれる場所がない。実現までの道の途中には渡れない大きな河が横たわっているように感じられた。

市民の目線からは利用方法がわかりにくく空間の有効利用に繋げられない状況は残念だが、発案者側（利用者側）が仕組みやルールをもう少し深く探ろうとせずに「わからない」「できない」と怒ったり諦めたりしてしてしまっても、新しいアイディアの実現は進まない。私たちは、公園管理の関係者に話を聞いたりしながら、気長に実現への橋を探すことにした。

プレイベントで実践する

2010年の秋、都内の海浜公園が理解を示してくださり、アウトドア・ウエディングのプレイベントを開催できることになった。イベントは、新郎新婦のお友達やアウトドア・ウエディングに興味のある若者が集まって、小さくカジュアルなアウトドア・ウエディングを自分たちでつくってみるという企画だった。オフィシャルではないものの、公園の管理事務所の方々には試験的にと、許可や穏やかなアドバイスをいただいた。

開催の目的は、ずばり、「アウトドア・ウエディングを実践すること」。「本当にできるの？」とみんなが思うこと、私たち自身が「できるだろうか」と思っていることを自分たちの手で試してみるのだ。芝生のうえに簡単な受付テーブルを置き、新郎新婦入場の道を挟むように椅子を並べ、タープ式のテントをいくつか建てた。何を隠そう、主催となる私たちも開催初心者。まずはごく簡単な仕様で実践してみたかった。テントの下には、ドリンクやフードなどの軽食を並べて楽しんでもらい、ごく少額の会費制で開催した。

このプレイベントでは、私たちH.O.Wが公園でのアウトドア・ウエディングの企画を用意し、新郎新婦はSNSで公募。会場とのやり取りや設営準備や飲食の準備はH.O.Wが担い、身の回りの仕度などは新郎新婦自ら行なってもらった。事例づくりのために私たちが多くを負担するため、新郎新婦にとっての出費は少なくて済む。実際に、手を挙げてくれた新郎新婦は、「親族との式はするけど、友人との式はしない予定だったから」と気軽な気持ちでモデルとなってくれた。新郎新婦の負担を小さくし、撮影に協力してもらい、公開ウエディングとして来場ゲストの半分を新郎新婦の招待者、残る半分は私たちからの招待者とし、H・O・Wからはこれまで問い合わせをくれた人やこれから挙式を計画しているカップルを招いた。そして、撮影や料理提供、音楽演奏は、H・O・Wの活動に興味を持ってくれているクリエイターにお願いし、全員でのチャレンジになった。

朝、公園に集まった運営メンバーが会場の準備を始め、続々と集まってくるゲストの手も借りた。新郎新婦も会場の準備に参加。その後、管理事務所の一画を借りて、ドレスとタキシードに着替えてもらった。ドレスは、ユーズドのブランドドレスを、芝生の上で汚れないように短くリメイク。ゲストたちの服装も普段着にちょっとしたオシャレを取り入れ、足元はスニーカーやフラットシューズというカジュアルなものだった。

完成した会場へトランペットとスチールパンの演奏で入場した新郎新婦に、花道に並んだゲストたちが一輪ずつ花を渡し、大きなブーケが完成。そのブーケを抱いてのセレモニーとなった。高砂席などは設けず、芝生の上でゲストと新郎新婦が一緒にのんびりと過ごすというスタイルにした。初めてのチャレンジは、トラブルもなく和やかに終えることができた。

このプレイベントに参加してくれた仲間が、その後のH・O・Wの活動を支えてくれるコアメンバーとなった。この開催を経て、H・O・Wは実践による手応えとともに新しい仲間を

千葉県・茂原公園でのウエディング（撮影：引田さやか）

得、私自身は思い切って「Happy Outdoor Wedding 代表」という肩書をもってアウトドア・ウエディング開催のサポートを仕事として行なうようになった。

必要とされる前例をゲリラ的につくっていく

公園は、むやみやたらに正面から問い合わせても「許可」はもらえない。さらに、他のイベントならまだしも結婚式というイベントの特性上、許可のない開催では、途中で注意されたらどうしよう、追い出されてしまったらどうしようと心配が残る。新郎新婦からすれば、「いいですよ」と一言承認してほしい。しかし、公園を管理する側からすると、あまりに漠然とした提案では、想像しきれないリスクがついてくる心配があるため、よっぽど開拓精神にあふれる担当者でなければ、おもしろがって受け入れてくれるということもないだろう。

そこで私たちは、それぞれの公園の環境や状況をよく見て、それぞれが敷くルールを読み解き、ルール内で最大限に場を活用して楽しむことにした。例えば、人気が高くいつも混んでいる公園は開催に向かない傾向にある。園内の一番の人気スポットも他の人に譲った方がいい。来場者といい距離感を保ちながら、設営やコンテンツについては公園ごとのルールに従っていく。設営物は極力少なくし、空間を占用しないように心がける。音の利用については、周囲に迷惑をかけないようにとスピーカーなどを用いない静かな生演奏を楽しむ。

一見、事前に問いあわせをしない、ゲリラ的な開催。しかし、「ルールなんて無視していいよね」や「他の人の迷惑になってもいいよね」ということではなく、ルールを読み解き、「こんなことができるんじゃない？」「この場所にはこんな可能性があるんじゃない？」というう提案的なゲリライベントだ。

設営したり、みんなで料理をして食べたりということなら、公園のデイキャンプ場などを利用する。デイキャンプ場を併設している公園なら、指定スペース内で設営や火気の利用ができる。そういった公園は光が丘公園や小金井公園、平和島公園など、都内にもいくつかある。

そして、もっとしっかりとエリアを区切って設営を行ない、ゲストも多く招き、本格的な催しにしたいという時は、企画をしっかりつくり上げ、その上で公園にきちんと持ち込んだ。最初は断られることの方が多かったが、実績が多くなり、メディアでの露出も増え、私たちの説明もうまくなってきた頃、いくつかの公園がオフィシャルな許可を出してくれるようになった。たとえば、埼玉県の秋ヶ瀬公園では、事前に計画を細かく記した企画書を管理事務所のみなさんが目を通してくださり、許可をいただいた。開催によって周囲に迷惑をかけることなく、管理者の方々を心配させることもないようにと、できるだけ計画を具体的に記し、変更の指示やアドバイスを受けて修正し、何度も共有させていただいた。それに対し、搬入出の時間やルート、スピーカーの位置、水場の使い方など、たくさんのアドバイスもいただけた。

加えて大事なのは、主催者である新郎新婦自らも、サポート役である私たちとともに責任感を持ってもらい、参加クリエイターや事業者に認識共有への協力を求めることだ。

実験と分析、改善

開催を重ねるなかで、実験と分析を繰り返し、改善点が見えてきた。例えば、テントは絶対に必要だとわかった。新郎新婦が気にするのは主に雨天だが、開催希望時期は天候のいい季節に集中する傾向にあるため、日差し対策としても屋根は必要だった。食品が直射日光に当たらないよう、ドリンクやフードのコーナーに、そして、特に高齢者や妊婦さんがいれば体力面へのケアとしても、屋根あり席を用意したい。さらに、意外に盲点なのが風対策。特に海辺や河原では横幕のあるテントがあるといい。横幕ありのテントなら、テント内の設置物が飛ばされたり、舞い上がった砂が料理にかかってしまったりというハプニングも防ぐことができる。そもそも、会場に屋根があるかどうかを探し、あれば可能な限りそれを併用する。そうすることで、開催の安定感も増し、設営物も減って同時に予算削減にもなる。

見えてきた改善点を挙げるときりがないが、ゴミの削減もそのひとつ。開催初期には、1回の開催で出るゴミの多さに驚いた。飲食まわりに加え、持ち込んだアイテムそれぞれについてきた過剰な包装や汚れ、ダメージが激しく再利用できそうにない布類や装飾物など。公園での開催では参加クリエイターや事業者とも分担してゴミの持ち帰りを基本にしているが、持ち帰りきれないゴミの量となれば、専門業者を手配して処分する方法もある。それでも、閉会後、自分たちが排出したゴミの姿を見ると、人知れず虚しさや後ろめたさを感じた。そんな経験から、H・O・Wでは毎回必要になるとわかっているアイテムは基本サービスに含み、新郎新婦にレンタルしてもらい、以降の開催でも再利用する。使いやすいプレートやグラスを揃え、装飾物も希望の多いスタイルを聞き取って制作し、少しずつレンタルアイテムを増やした。それができないものは、リース会社のサービスも活用する。参加するクリエイターにも、ゴミの削減を提案し、担当箇所から出たゴミはできる限り持ち帰ってもらえるようにお願いした。そうすることで、驚くほどゴミは減った。会場や周囲に迷惑がかからないかたち、そして何より開催する自分たちにとって気持ちのいいかたちを探しながら、気がつけば、H・O・Wサイトには数々の事例がSTORYとして並んでいた。

キャンプ場利用とのすみわけ

さらに大規模であったり派手な演出のある、公園での開催には適さない企画はキャンプ場で開催するなどしてすみわけを行なった。大型の設営をしたい、宿泊を楽しみたい、BBQや焚き火を楽しみたい、音楽を思いきり演奏したいなどのテーマが挙がれば、無理して公園で開催せずに、その企画に合うキャンプ場を探した。

キャンプ場は個人や民間企業の経営が多いので、許可の是非がわかりやすく、交渉しやすい。思い切り遊ぶことを前提としているため、ルールも公園と比べるとハードルが低く、その時々でアレンジしてもらえたりする。公園に比べて自由度が高いのが最大の魅力だった。ただ、ネックとなったのは、アクセスの悪さだった。結婚式には、たいてい遠方からの参加者が混ざっているもの。空港やターミナル駅に到着してから、キャンプ場がある山奥まで向かうとなるとゲストの負担が大きくなる。さらに、場所の特性上、足元の悪さや施設の構造が高齢者やハンディキャップを持つ方、妊婦や乳幼児連れのゲストに参加してもらえるかが新郎新婦の不安材料となり、敬遠されることもあった。その点においては、まちの中心部にあり、気軽にアクセスできる公園の魅力と可能性は大きかった。

メディアでのアウトプット

公園を含む様々な場所での開催の様子をまとめたSTORY記事は、外部メディアに掲載されることもあった。さらにそれを見た新聞などのメディアが取材にやってくることもあった。そうやってアーリーアダプターとのチャレンジの様子がアウトプットされることで、これまで、「ほんとうにできるの？」「どうやって？」と少し遠巻きに見ていた層が、勇気をもって問い合わせてくれるようになった。

私たちが特にPRとして連携してきたのは、ライフスタイル誌や、アウトドア誌、それからソーシャルアクションへの意識の高い読者が集まるメディアなどだった。そこから、「自分のまちでウエディングをしたい」「大好きな公園でウエディングしたい」「かたひじはらないスタイルを楽しみたい」「できるかぎり手づくりしたい」「友人たちと一緒につくりたい」「のんびりと過ごす1日にしたい」「自分たちが納得するかたちを自分たちで考えたい」という価値観の新郎新婦たちが、それまでより広い層から集まり、各地でアウトドア・ウエディングを開催するようになった。

フィールドや地域との連携で広がる可能性

公園から許可を得られた際には、使用面積に応じて使用料を納めるよう努めた。この費用が園内の芝生の管理などに充てられているとしたらうれしい循環となる。さらに、開催にあたっては会場の特色やその地域の資源を魅力的に伝えられるよう心がける。例えば、公園内でのアクティビティを取り入れたり、周辺エリアの文化を演出に盛り込んだり、公園周辺の事業者から仕入れを行なったり。まちの人の参加を呼びかけ、少しでも会場や地域の人たちにとってプラスになることをアピールすることで、アウトドア・ウエディングというコンテンツが受け入れられやすくなると考えたのだ。

地元の自慢の品をセットにして並べた「引き出物マルシェ」は
H.O.Wが手がけるアウトドア・ウエディングでの人気コンテンツ（撮影：佐藤いつか）

具体的なオリジナルコンテンツをひとつ挙げると、「引き出物マルシェ」という催しがある。これは、通常の引き出物に代えて、野菜から工芸、地元アーティストのCDまで、地域の産品や商品を集め、会場内にブースをつくり、マルシェ形式で選んでもらう。受付に来たゲストに引換券を渡し、自ら交換してもらうのだ。ブースには生産者や販売事業者自らが立ってくれることもあって、町外や県外から訪れるゲストとの交流にもなる。

参加者は、規模が小さければ30人、大きければ500人。平均人数が取りにくい私たちのアウトドア・ウエディングだが、一番多いのは、80〜120人。これまで大手ブライダル会場の所在地である都市や中心地に向けて流れていた消費治動が、新郎新婦が選んだ地域に向けられることになる。公共空間で、どんな土地でも自分たちで開催できるとなれば、それがブライダル事業者不在の小さなまちや過疎地、離島であることもある。参加者のうち町外や県外から集まる人は半数を超えることも多く、地域の魅力発信としても一翼を担える。

広がるアウトドア・ウエディング文化

２００９年に始まって以来、H・O・Wは結婚式を挙げたいカップル向けのメディアであり、ＢｔｏＣビジネスが要だったが、現在は、ウエディングの受け入れ地となる公園を全国に増やしていくことに注力している。目標は、各公園に窓口をつくり、申込みの手順や利用のルールを明確にし、本当の意味で、「誰でもアウトドア・ウエディングを開催できる」場所を全国に増やすこと。

そのための新たな活動として、２０１７年、Happy Outodoor Weddingから派生させたHappy Public Weddingというサービスを立ち上げた。新郎新婦に向けてハンドブックや会場で使えるブースやベンチがセットになったキットを用意しつつ、ウェブサイトでは公園をは

大阪府下の公園で使用されている「Happy Public Wedding Kit」。
キットの企画・考案をHappy Outdoor Weddingが行ない、TEAMクラプトンが設計・製作して完成した。

じめとする公共空間での開催事例をアーカイブし、行政や施設管理者には、地域リサーチやプラン提案、立ち上げサポート、運用サポートなどのサービスを提供する。現在、実際にいくつかの公園に向けてサポートを行なっており、2018年春から、アウトドア・ウエディングの公式な受け入れ地が全国に増えていく計画だ。

H・O・W立ち上げ時からひそかに思っていること。それは、「願わくば、アウトドア・ウエディングは流行らないでほしい」ということ。いっときの流行で終わらずに、ゆっくりと、ハレの日のスタンダードとして各地に根付いてほしい。市民自らの発想で地域空間を使い、地域の魅力を楽しみながらハレの日をシェアできる暮らし。そんな光景が未来にあふれていてほしい。

柿原優紀（かきはら・ゆうき）

1982年生まれ、大阪・神戸育ち。英国 Glasgow 芸術大学を経て、京都精華大学芸術学部デザイン学科卒業。出版社にて書籍や雑誌編集に携わり国内外の取材活動を行う。その後、渋谷区富ヶ谷にて編集事務所を設立。同時にHappy Outdoor Wedding を立ち上げ、D.I.Y. の力を地域空間や資源に結びつける結婚式の仕組みづくりを全国各地でおこなっている。tarakusa 株式会社 代表取締役。

case

3

駅を酒場に

京阪電車・中之島駅ホーム酒場

吉《よし》城《き》寿《とし》栄《え》

平成28年6月22日、京阪電車中之島駅の3番線ホームに4日間限定の酒場が出現した。ホームに7両編成の車両を留め置いて扉を開き、ホームと電車内を会場としてお酒や料理を楽しもうというイベントだ。電車内には生ビールをはじめ、京阪沿線の日本酒、おでん、フランクフルト、コロッケ、缶詰、天むす、カップラーメンなどの販売ブースが並んだ。客席は車両ごとに、電車のロングシート前にテーブルを置いたもの、座席をハイカウンターでカバーした立ち飲み席、緋毛氈《ひもうせん》と和傘を立てた野点《のだて》風席、ドラム缶やワイン樽を囲む立ち飲み席、向い合わせのロングシートに板を渡してつくった小上がりのちゃぶ台席、囲炉裏席を設置した。ホームには昭和の酒場風にビール瓶ケースでつくったテーブルを置き、駅のホームと車両は飲み屋街に一変した。

会場は初日から多くのお客様で賑わい、4日間で来場者数は約7400人にのぼった。メディア取材の申し込みも15社を超えた。関西だけでなく、全国ネットのテレビ番組でも放映され、中之島駅が全国区で露出することになり、同業の鉄道事業者からも注目されることになった。そこで、私がこのイベントを企画することになった目的と経緯、開催までの道のりについて紹介していきたい。

中之島駅をＰＲするユニークなイベントを

京阪電車は大阪、京都、滋賀を結ぶ私鉄で、主に通勤・通学や京都観光の足として1日平均約80万人の利用がある。会場となった中之島駅は、平成20年10月19日に天満橋駅から3キロ延伸した中之島線の新4駅の終着駅だ。大阪・中之島地区は高層オフィスビルの建替え、タワーマンションの建設など再開発が進行中のエリアだが、一方で新美術館の開業や中之島線と交差する予定のなにわ筋線の開業の遅れなどにより、中之島線の利用者は当初の想定に比べて少なく、知名度も低かった。

この中之島線沿線には「中之島ウエストエリアプロモーション連絡会議」という地域団体があり、このエリアの春夏秋冬のイベントなどを情報発信したり、冬にはイルミネーションイベント「中之島冬ものがたり ウォーターファンタジア」を開催したりしてエリアを盛り上げようとしていた。当社もこの会議に所属しており、私も出席していた。特に、平成25〜26年に開催したイルミネーションイベントでは、堂島川に巨大な「ラバーダック」というアヒルのアート作品を浮かべ、そのインパクトに多くの人が集まって盛況だった。ところが、平成27年の冬はラバーダックを浮かべることができなくなった。「このままでは冬の中之島線の乗降客が激減してしまうのではないか」という危機感からラバーダックに負けないインパクトがある当社の企画を、と社内に提案したのがこの「中之島駅ホーム酒場」だった。中之島駅を会場とするイベントを開催し、中之島駅、中之島線の存在を広くPRするとともに、中之島線への誘客を図ろうと考えたのだ。

「おもしろそうやん」。意外な一言が後押しに

中之島駅ホーム酒場が実現できればメディアにも紹介されて中之島線の認知度を上げることができると確信していたもの、正直なところ実現するのはかなり難しい、いやほぼ無理だろうと思っていた。行政の許可は下りるだろうか、鉄道事業者として駅や電車を酒場にすることを世間はどう思うだろうか、そもそも物理的に可能なのかなどと考えると立ちはだかる壁が多すぎるように思えた。

しかし、このイベントを社内で提案しようと決意したきっかけのひとつに、その年、社長が年初のあいさつで掲げた「創生果敢」という言葉があった。「新しいものを生み出し果敢に攻める」とはまさに中之島駅ホーム酒場のことを言っているんじゃないか、と私には思えた。

「とにかく一歩踏み出してみよう」。その第一歩目は中之島駅を管轄する大阪エリア長(駅長)への相談だった。このイベントを成功させるには、会場となる駅を取り仕切るエリア長の賛

同と協力が不可欠だ。だからまず現場を仕切るエリア長の反応を確認しておきたかった。恐る恐るまだあやふやな企画案を説明した。するとエリア長は、「おもしろそうやん。電車に暖簾とかつけたらおもしろいやろうな。昔寿司屋って暖簾で手を拭ってたらしいなあ、そんなのあったら行ってみたいなあ」といつしか来場者側の立場になってくれて、話が盛り上がった。エリア長に感謝の気持ちでいっぱいだった。こうなればもう当たって砕けろの精神で進めなければならない、そう思った。

ミュージアムトレイン、おでんde電車という前例

中之島駅ホーム酒場のアイディアの源泉は、平成22年に京阪電車開業100周年記念事業として実施した「ミュージアムトレイン」というイベントにある。ミュージアムトレインでは、2600系5両編成の車内をミュージアム風に装飾し、京阪電車の100年の歩みの解説や、当社が所蔵するヘッドマーク、オリジナルグッズ、ポスターやチラシ、模型などを展示した。ミュージアムトレインは中之島駅、枚方市駅、中書島駅のホームに停車して展覧した。電車がミュージアムに変身するインパクトに加え、展示内容も鉄道ファンや沿線の方々にとって懐かしいものであったことから好評を博し、13日間で18000人を超える来場者

ミュージアムトレイン

があった。

当時、開業100周年事業を担当していた私は、ミュージアムトレインの先頭車両の入口で来場者にパンフレットを配っていたが、その間「展覧だけでなく飲食もできたら楽しいだろうな」と思いめぐらしていた。中之島駅の3番線ホームは、通常運行では使用しておらず、線路は片側のみ、反対側は壁なので安全が確保しやすく、通常使用している1、2番線ホームとはパーテーションで簡単に仕切れる、という構造だ。完全に独立した空間をつくることができるので、飲食の会場にしても支障がないのではと考えていた。とはいえそんなイベントを企画提案する機会もなく、私自身あらゆる面でハードルが高すぎて到底実現で

おでんde電車

きないだろうとも思っていたので、この時まで提案することもなかった。

ちなみに、当時当社が実施していたお酒のイベントとしては、大津線の石山寺〜坂本間で実施している「おでんde電車」、「ビールde電車」があり、いつも満員御礼の人気だった。ひとり３５００円（平成26年開催時）でビールなどのドリンク、夏はお弁当、冬はおでんがつく。イベント用車両は、赤いのれんやシールで装飾され、すっかり居酒屋に変身していた。2両編成で一部びわ湖岸の路面も走る車窓の風景にも味がある。

京阪本線でも、「京都日本酒電車」というイベントを開催しており、こちらは、京都伏見の日本酒と京都の名店のお弁当をセットにしたもので、人気の企画であった。どうやらお酒を扱うイベントは人気があるようだ。

ホームに電車を長時間停車させるという意味ではすでにミュージアムトレインで実施済み、お酒を扱うという意味では、おでんde電車や京都日本酒電車で実施済みである。このふたつの要素を足したものが中之島駅ホーム酒場と考えれば実現不可能ではない、と自身を説得した。

関係各所への確認の毎日

さて、エリア長の賛同に勇気をもらい事業推進担当部長、担当役員に企画提案、予算額についての相談を行なった。ここでも「そんなことが本当にできるのか」という話になったが、もちろんダメならあきらめるので、実行可能か、各所への確認だけはやらせてもらいたいとお願いして了承を得た。ここから関係者への確認、確認の日々が始まった。

まずは車両部に、こういったイベントに車両を使うことは可能か、車両の型、時期や期間の制約などについての相談をした。車両は通常、故障などに備えて、2両編成程度の予備を確保している。定期点検やメンテナンスも順次行なっているので、予備車両が手薄な型や時期

左：中之島駅　右上：2200系車両　右下：中之島駅3番線ホーム

を避けなくてはならない。それらを勘案し、２２００系７両編成が候補に上がった。ミュージアムトレイン開催時にはちょうど２６００系車両が廃車予定だったのだが、今回は近々廃車予定の車両がなかったので、イベント流用後にすぐ通常運行に復帰させる必要があった。

車両の目途は立ったが、社内の各部署の調整を進める前に、法的に許されないことがあればどうしようもないので、まず行政関係に打診に行くことにした。

最初に訪問したのは、大阪市建設局路政課だった。駅施設を所有する中之島高速鉄道株式会社の課長に同行してもらった。ここは道路を管轄する部署で、中之島駅は道

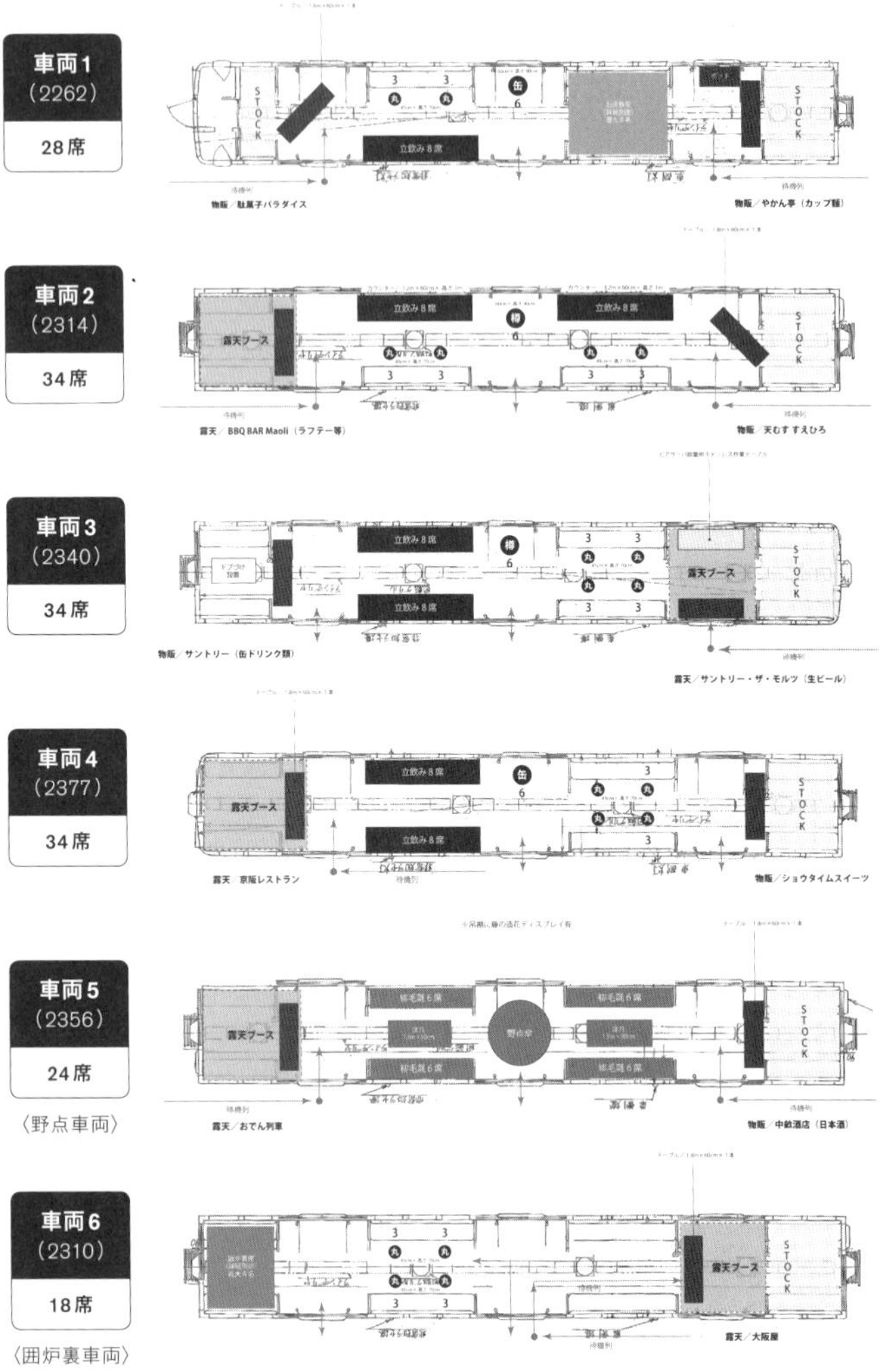

車両レイアウト図面の一例

路の直下にあることから、通常営業とは違う使用をしたり何かを設置したりする場合には、許可や届け出が必要になることがある。それだけにホームをイベント会場にすることはハードルが最も高いと思っていた。ところが、3番線ホームは通常閉鎖されているということから概ね了解を得ることができた。詳細確定時に改めて実施内容を報告することになった。

次に訪問したのは近畿運輸局鉄道部だった。車両部にも同行してもらい、車両内に造作をすることについて相談した。車内の座席をカウンターにしたり、ちゃぶ台を置く小上がりをつくったり、飲食物の販売ブースをつくったりすることを私の稚拙なイラストを見てもらいながら確認してもらった。造作をした状態での営業運行はせず、停車した状態でのみ営業すること、約半数の車両扉は開いた状態で非常時に備えて二方向の避難経路を確保していることを図面で示した。こちらもこの段階で問題はなかったが、詳細を確定後、改めて報告することになった。

大阪市建設局と近畿運輸局で了解を得られたことで、大きなひと山を越えた気がした。

いよいよイベントチームが結成される

社内では、平成27年10月にイベントの企画運営チームを結成した。構成は私の所属する事業推進担当エリア戦略担当部長と私、マーケティング・宣伝の部長と課長、鉄道部門鉄道企画部の課長と係長の計6名である。このメンバーで週1回程度の会議を行なうことにした。また、これまで中之島線の活性化関連のイベントでお世話になっていた株式会社ビッグアップル・プロデュースにイベントの運営を委託することにした。

チーム会議で最初の問題となったのは開催日だった。そもそもこの企画は12月開催の「中之島冬ものがたり」の盛り上げとして提案したのだが、調整部署の多いこのイベントの開催はとても間に合わなかった。ではいつ開催するのかが問題となり、決定打が見つからないまま時間が過ぎていった。

12月に入り、酒場として核となる出店者を決めることになり、中之島線沿線に本社を構えるサントリーに出店依頼に行った。初めてのイベントで集客力が未知数なだけにいい返事がもらえるか心配したが、年明けに「ゴールデンウイーク前に『香るエール』のキャンペーンをしたいので、4月下旬頃開催なら出店できる」という返事をもらうことができた。しかし作業スケジュールを組んでみたところ、間に合いそうにないことがわかり、またもや開催を見送ることになった。今度こそ開催日を決定しようとチームメンバーで話し合い、ようやく6月22日を開催初日にした。

においや煙という問題

サントリーを再度訪問し、開催日の延期のお詫びと再度の出店依頼をしたところ、ありがたいことに出店を受けていただけた。開催時期が変更になったことでビールの銘柄は「ザ・モルツ」に変更となった。サントリー出店の決定を受けて、会場でのビール販売はサントリーの1店舗に集中させ、それ以外の飲食店を10店ほど募集することとし、出店者の募集要項づくりに取りかかった。

当然のことだが、電車やホームは調理することを想定して設計されていないため、いざ調理するとなるとかなりの制約が出てくる。まず電気容量が圧倒的に少ないので調理器具の種類や数を絞らなくてはならない。近くに給排水設備もなければ、ゴミの廃棄場所もない。エリア長からは通常のホームにきついにおいが流れていかないようにしてほしいとの要望もあった。そのうえでさらに保健所や消防署から指示があるはずだ。

そこでまずチームで調理の実験を行なってみた。3番線ホームにホットプレートを持ち込み、焼き鳥やソーセージなどを焼いてみたのだ。焼き鳥を焼いて営業中のホームに行って確認したところ匂いはしなかった。また電気部に立ち会ってもらい、ホットプレートの熱や煙

装飾イメージ図

で火災報知器が作動しないかどうかも確かめた。脚立に乗って火災報知器の直下で焼き鳥を焼いてみたが反応しなかった。この実験結果はホットプレート1台だけのケースなので、長時間大量に香ばしいものを焼くと影響は出るだろう。ということで、タレ系のものを焼くこと、揚げ物は禁止、ソーセージを焼く程度はOKという方向で進めることにした。

相反する保健所と消防署の指導

3月上旬、保健所を訪問し、ホームと電車内で露店営業を行ないたい旨を説明した。調理を伴う露店営業を行なう場合、店舗はテントを設営し、商品を受け渡しする面を除く、両サイドと背面の三方と天井を覆う必要がある。そのためホーム上の店舗については、三方囲いのテントを計画していた。ただ、電車内の店舗については、天井も壁もあるので、テントは不要と考えていた。しかし保健所は、電車内でもテントが必要との回答だった。そこで吊革をつるしているバーを梁のようにして布を掛ければ比較的安価に三方囲い状態がつくれるので、それで対応することとなった。

続いて消防署を訪問し、会場設営の概要を説明した。すると今度は、テントなどで天井を覆ってはいけないと言われてしまった。火災発生時に煙を感知しなかったりスプリンクラーが充分に機能しないからというのが理由だ。保健所は天井が必要、消防署は天井は不可というまったく逆の指導に思考停止してしまった。ここでこの企画は終了かとさえ思った。最悪、提供フードは乾きものだけにすることもできるが、イベントのテンションが確実に下がる。打開策も見つからないまま悶々としていたところ、数日後に消防署から電話があった。「駅のホームの天井はスプリンクラー機能がついていないタイプであることがわかったので、天井を覆っても構わない。調理は３００度までなら構わない」とのことだった。心底ほっとした。これで進められる。出店要項には、電気調理器による調理はＯＫとすることができた。

消防署からは「このイベントは京阪さんの主催ですよね」と念を押されていた。鉄道会社自らが主催者である以上、万全の安全対策で臨むことを期待されていると受け止めた。

車内レイアウトイメージ

今度は社内の壁を超える

保健所と消防署の指導を受けて、図面にホーム5店と電車内に5店の露店を配置してチーム会議をしたところ、今度は社内の壁が立ちはだかった。鉄道担当者は、ホーム上にテントのような布製のものを設置すると、列車が走行する際に発生する強風で飛んでしまう可能性が否定できないというのだ。そこでテントより重量感のあるコンテナハウスなどの設置案をつくったが、今度はこのホームを緊急使用する場合に速やかな撤去ができないと指摘された。安全安定輸送が使命の鉄道事業、結局ホーム上の露店はあきらめ、テントはすべて電車内に設置することにした。

こうして露店の配置と出店にかかる条件が決定し、出店者募集を開始した。募集はイベント公表前だったので、過去にお付き合いのあった事業者に声をかけてまわった。缶詰販売や全国のカップラーメン販売は、保健所の露店販売の許可が下りなかった場合への対策的要素もあったが、人気が出そうなので残しておいた。また、京阪電車や京阪沿線の魅力を伝える機会にしたかったので、大津線で人気のおでんde電車のおでん、京都、滋賀、大阪の日本酒を飲み比べができる中畝《なかうね》酒店、滋賀の珍味を扱う至誠庵《しせいあん》などに出店依頼した。中畝酒店からは、中之島駅ホーム酒場のオリジナルラベル日本酒の販売提案もいただいた。このラベルは、12本に1本だけ京阪特急の柄になるという仕掛け付きだ。こうして出店者は5月末でほぼ確定した。その後、出店者どうしのメニューや販売価格、厨房機器の電源容量などの調整に入った。

イベント運営のルールづくり

ゴールデンウイークが明けてからは、出店者募集と並行して、イベントの運営方法の詳細について各部署との打ち合わせを重ねた。通常運行の邪魔をしないようにしながらのイベント実施なので、鉄道部門とは特に綿密な調整が必要だった。

例えば4日間のイベント期間中、使用車両は停めておくのか、毎日車庫に戻すのかについて。毎日車庫から来て車庫に返すことにすると、毎日2本の臨時ダイヤを引く必要があり、乗務員も毎日行き帰り分手配しなければならない。一方、電車を中之島駅に留め置いたままにする場合は、終電後、始発前の駅の運営管理方法を新たに決めなくてはならない。結局、初回となる今回は毎日車庫に返すことになった。

また、会場への設置物や備品、商品の運搬についてのルールについて、駅には業務用エレベーターはないため、階段で運べないものは、係員の警戒をつけて一般のエレベーターを使うことになる。できるだけその回数を減らす工夫が必要だった。そこで、出店者の商品の搬入・搬出はエレベーターを使用することにしたが、主催者側が準備する会場の設置物については、エレベーターを使用しないことにした。酒場の営業終了後は毎日ホームに設置したものをすべて撤去しなければならなかったので、テーブルやいす類は使用車両に乗せて階段で運ぶ手間を省くことにした。

思いがけず協議に時間がかかったのは電車の扉の開閉だった。ホーム酒場開催時間中、電車のホーム側の扉の約半分の扉が開いたままになる。通常、電車の扉が開いている時間は非常に短く、電車待ちの時でも10分もない。それが5時間以上も開けっ放しというのは、車両機器への影響が大きく、機能の劣化や故障などを招きかねないというのだ。酒場の営業時間中は冷房や照明はつけておかなければならないので、電気系統を切ることはできない。何かのはずみで開けているはずの扉が閉まってしまっては大変だ。最終的には、扉の開放は手動で行ない、間違って閉めてしまわないよう細工をすることとなった。この作業は鉄道担当者しかできないので、その人員配置もしてもらった。

車両部とも詳細な打ち合わせを行なった。2200系車両は、イベント開催の4日間とその前後の各1日を押さえてもらっていた。イベントは水曜から土曜までなので、火曜日に設営し、日曜日に撤収、清掃して翌日月曜日から通常運行に戻せる状態にしなければならない。1日で手際よく車両内の設営ができるよう車両基地の下見を行ない、備品の積み込み番線や手順の計画を立てた。

5月24日、プレスリリースを出した。まず反応があったのは、梅田の立ち飲み屋、大阪屋さんで、イベントに出店したいとのことだった。すでに出店店舗は決定していたが、イベントのコンセプトにぴったりのお店だったので、出店してもらえるよう調整した。また、ミュージシャンの方から会場でアコースティックギターの流しをやりたいというお話もいただいた。これもやってみたかったが、通常営業の電車が通り過ぎる音で音楽がかき消される可能性があったので、見送ることになった。しかしイベント参加希望の連絡をいただけるというのは企画内容に共感してくれているように思え、とてもうれしかった。

チラシはイベント開催の2週間前から京阪電車の主要駅に配布、車内吊ポスターも1週間前から掲出し、イベントが徐々に世間に知られるようになった。とはいえ、取材の申し込みは1件しかなく、やきもきしていたのだが、開催まであと2、3日と迫ってから急にテレビ局や新聞社の取材申込がバタバタと入ってきた。イベントの前日には広報担当者は取材を受けるスケジュールを作成しては、新たな取材申し込みが入ってくるのでその調整に追われるほどだった。

「中之島駅ホーム酒場」いよいよ開店!

イベント初日の6月22日水曜日、17時の開場に向け、10時から会場設営を開始した。備品の運び入れ、案内サインの掲出や受付ブースの設置などを進めた。出店者も、初日は昼前からビールサーバーや机など什器の搬入などを行なった。

オープンのおよそ1時間前、イベント電車が中之島駅に入ってきた。電車の扉が開くと、車両の扉固定、安全柵の設置、備品設置、電源の仮設、出店者の店舗設営などが一斉に進められた。一方、特設入口では入場を待つお客様の列ができ始めた。テレビ局や新聞社も続々

会場風景

到着し、取材が始まった。私も取材対応に追われ、全体進行が把握しにくい状況で焦っていた。

あっという間に1時間が経ち、17時ちょうど、ついに中之島駅ホーム酒場が開店した。特設入口で並んでいた人たちが階段を下りてホーム階の会場に流れ込んできた。受付で入場料として１０００円を払うと１００円券が10枚綴られた１０００円分の金券が渡される。会場はビールの売り場に並ぶ人、座る場所を確保する人、とにかく会場の写真撮影をする鉄道ファン、それぞれが会場に散らばってスタートした。目新しいイベントに、来場者たちから、「すごい！」「おもしろい！」「楽しい！」という声が聞こえてきた。渾身のちゃぶ台席はあっという間に埋まった。

想定外の来場者数にあたふたする

「いい感じで賑わっている」と喜んでいたのもつかの間、ホームは満員電車のように混みだした。滞留人数が５００人くらいになると、これ以上は入れないというほどの混みようとなってしまった。入場制限をして、退場した人数だけ入場してもらうようにしたが、入場待ちの時間と行列がどんどん長くなっていく。あまりの混雑でお客様の満足度、快適度が急降下した。ビールには長い行列ができ、フードは売り切れが続出。終了時間21時の30分前には生ビールサーバーがオーバーヒートして販売不能となった。お客様にはビールの販売が終了している旨を案内した上で入場してもらうことになってしまった。酒場と名乗りながらお酒がないとは弁解のしようもない。混乱の中、初日の営業を終えた。この日の来場者は約１０００人。４５０人程度を想定していたので、その倍以上だった。この日だけで12社に上るメディア取材を受けたので、２日目はさらに多くの来場者となるだろう。翌日までに解決すべき課題が山積みしていた。

営業時間が終了すると、また慌ただしく片づけが始まった。車両が発車する1時間前までに、出店者は電車内の片づけを済ませなければならない。主催者側は、電車内のゴミを拾って拭き掃除をし、ホームに設置したテーブルセットを電車に乗せた。1時間後、電車は扉の開閉テストを数回行って車庫に帰っていった。車庫では清掃業者による清掃が待っている。電車を見送った私たちは、ホームの片づけ、ゴミの運搬を行ない、中之島駅にこの日の報告をして初日を終えた。

翌日は、出店者に対して商品を倍増してもらうようお願いした。特にビールに関してはサーバーを4台増やしてもらった。京阪電車の各駅ではお客様からの問い合わせが多かったのでその対応方、多客による入場が難しい場合の案内放送文などを用意してもらった。

開場時間が近づくと、前日よりも長い行列ができていた。テレビなどで取り上げられた効果が如実に出ていて、行列は1時間30分待ちの状態が続き、ようやく入場してもビールを買うのにまた45分かかったというお叱りもいただいた。ビールサーバーを増設したのにまったく追いつかない状態だった。テーブル類も不足していたので、駅の会議室の長机10台を急遽用意したが追いつかず、ホームに直に座り込んでいる人が多く見られた。2日目の来場者数は1500人、前日の1・5倍に膨らんでいた。

3日目は、ビールの販売場所を2か所に分けてみた。これでようやくビール待ちの行列は収まった。この日の来場者数も1500人。天気はあいにくの雨だったが、地下でのイベン

第3回会場風景

トのせいもあり、客足が減ることはなかった。

　最終日の4日目は土曜日、休日の昼酒の楽しみを提供しようと午後2時にオープンした。オープン前のお客様の列は最多の２００人以上に上り、中之島駅の１００ｍを超える長い通路でも足りず、地上への階段の途中まで伸びていた。平日の来場者は近隣のサラリーマンが中心だったが、土曜日はお子様連れのファミリーも多かった。これはとてもうれしかった。最終日にしてようやくオペレーションもよくなり、営業時間中ずっと盛況ではあったが待ち時間はかなり解消された。この日の来場者数は平日の倍の約３０００人となり、無事終了した。

単なる輸送施設にとどまらず、人の交流地になる

翌日日曜日は車庫で1日かけて掃除と撤収を行なった。太陽光の下で見ると、びわ湖の珍味もろこの甘露煮がシートに乗っていたり、通常の営業ではありえないゴミ、汚れが見つかった。これまで毎晩車庫で深夜に清掃してくれた方々の大変さを知った。駅のホームも大変なことになっていた。販売していた缶詰のオイルサーディンの油がホームの床にしみこんでしまい、洗剤を使ってもしみやにおいがなかなか取れない。結局専門の清掃業者を入れることになった。オイルサーディンと、ホームにさやが散乱する枝豆は、以後販売中止にしようと決意した。

こうしてイベント電車は通常運行に戻っていった。私自身はこのイベント終了直後の7月1日に異動したため、お世話になった人々に報告やお礼も充分にできないうちに慌ただしく出向してしまったが、中之島駅ホーム酒場は同年の冬、翌年の6月にも開催されて、運営のノウハウも蓄積されてきている。

イベントを実施して改めて驚いたのは、会場を巡回していた制服姿の鉄道マンの人気ぶり

第3回会場風景

だった。誰かが制服姿の社員に声をかけて一緒に写真を撮りだすと、写真撮影希望者の長い列ができるほどだった。中之島駅ホーム酒場の魅力はまさにここにあると思う。営業電車がすぐ横を通過し、本物の鉄道マンがいる本物の現場のただ中に酒場があるという、日常の中に突如現れた非日常空間にわくわくするものがあるのだろう。

駅は街の玄関口であり交差点、様々な人が行き交っている。だからこそ単なる輸送施設にとどまることなく、人の交流地、情報の発信基地として、街のエネルギーが発生する場所として発展していってほしいと思っている。

吉城寿栄（よしき・としえ）

１９６９年生。神戸市出身、大阪市在住。１９９２年京阪電気鉄道株式会社入社、宣伝課で沿線情報誌制作、運輸部で鉄道輸送需要予測、ガーデンミュージアム比叡の企画運営、京阪電車開業１００周年事業、沿線の活性化事業等に従事。現在は大阪商工会議所に出向し、水辺と舟運の活性化を担当している。趣味は月１回の温泉旅館めぐり。

case

4

まち歩き事業の舞台裏　進化する観光

まいまい京都

“まいまい”中

以倉敬之《いくらたかゆき》

「まち歩き」の人気が高まっている。かつては旅行といえば温泉地でおいしいものを食べて宿でゆっくりする人が多かったのに対し、近年は旅行先でもまちを歩き、暮らしや風習を体感したいという方向へ人々の興味が向いてきた。団体旅行が減り、一人旅が増えているのも特徴である。

そして、マンション増加による都心回帰などで都市生活者が増加し、身近な地域のことを知りたい、もっと楽しみたいという欲求が大きくなっている。まちへの関心が高まっているのだ。大手旅行代理店が大々的に宣伝するキャンペーン、夢のようなテーマパーク、税金が注ぎ込まれたきらびやかなフェスティバル……非日常性が飽和する現代、今はむしろ、日常をもっと豊かにするまち歩きツアーのニーズが高まっている。

私は高校中退後、吉本興業の子会社で勤務、その後独立して大阪でイベント企画会社を経営していたが、京都へ移り住んだのを機に、まち歩きツアー「まいまい京都」を始めた。せっかく住むなら、地域のおもしろい人と知り合いたいし、京都をもっと楽しみたいと考えたからだ。このまいまい京都、他の地域では行政が主導したり補助金を助成したりするまち歩きツアーが圧倒的に多いなかにあって、税金ではなくすべて民間で運営する珍しい事業として注目を集めている。税金を使うと、市全域で満遍なく開催するとか、まちづくりのためとか、

まいまい京都ウェブサイト

つかみどころのない効果を問われ、本来の「まちをもっと楽しんでもらう」という目的がぶれる。予算が切れると事業も終わる。税金ではなく参加費で事業を成り立たせれば、参加者の満足度でシンプルに成否が測れ、「どうすればおもしろくなるか」だけを考えられる。質が高いツアーを持続的に開催できる。そんな、私たちのように自立して運営するおもしろいまち歩きツアーが全国で増えることを願い、まいまい京都の裏側やノウハウを記したいと思う。

まいまい京都とは

〝まいまい〟とは「うろうろする」という意味の京ことば。「学校が終わったら、まいまいせんと帰っといで」のように使う。言葉の響きがかわいかったのと、目的地へまっすぐ向かうだけではない道草こそがおもしろいという意味を込めて「まいまい京都」と名付けた。

地元や近隣の方も気軽に参加しやすいように、ほとんどが2〜3時間の半日ツアーで、参加費はひとり2500〜3000円ほど。各ツアーの定員は、ガイドさんとコミュニケーションしやすい15〜20名。1・5〜3・0㎞ほどの短い距離を、些細なことを愛でながらじっくり歩くことを大事にしている。

2017年は約600コースを開催。定員稼働率は98％で、年間参加者数は1万人を越えた。各ツアーは開催日の前月1日に公開されるが、受付開始と同時に定員に達してしまうツアーも少なくない。参加者の約4割は京都府内からで、75％は近畿圏内から。女性が6割で、男性が4割。年代は10代から80代まで幅広いが、30〜50代の現役で仕事を持つ世代が多く、そのため主に週末に集中してツアーを設定している。京都の新たな一面を知るまち歩きの楽しさは、旅行者と地元住民、年代を超えて共有できると実感している。

興味深いのが、ひとりでの参加が約7割強を占めることだ。最初は夫婦や友人同士で参加されたのが、次からは別々のツアーにひとりで参加されるということも少なくない。聞けば「スケジュールや好み、価値観をすり合わせるのが面倒」とのこと。嗜好が似ている参加者

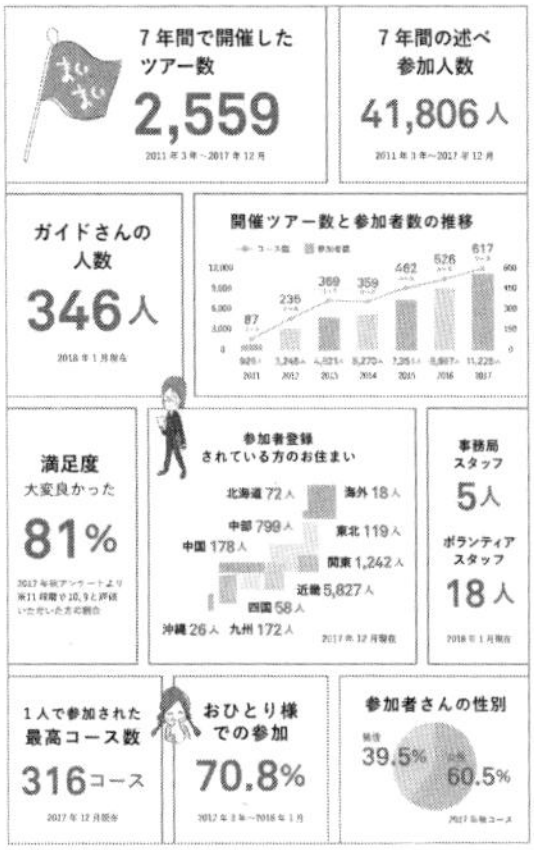

数字で見るまいまい京都（参考：http://maimai-kyoto.wixsite.com/5th-aniv/blank）

同士は仲良くなることも多い。どのツアーに参加するかはひとりで選び、行った先では和気あいあいと過ごす、というのがいい塩梅なのだろう。

参加者の約8割はリピーターで、今までに300コース以上参加されたハードリピーターもいるなど、一度参加するとハマる方が多い。ツアーから派生して、参加者らによる「写真部」「鉄道部」「スイーツ部」といった自主的なクラブ活動も生まれた。ただ、ほとんどがひとり参加ということもあり排他的な雰囲気はない。歩いている時は横の人とワイワイしていても、ガイドがしゃべり出せば真剣に聞き、笑い、時には質問を投げる。そんな楽しみ慣れたリピーターのおかげで、初めての参加者も違和感なく馴染んでいるのだろう。

ツアー終了後は、ガイドや希望する参加者を誘って一緒にお茶やランチへ行くことを奨めている。「ツアーの裏話が聞けた」「他の参加者さんと仲良くなった」などと好評だ。参加者同士の繋がりがリピート参加を生んでいる側面もある。ちなみに、まいまい京都で出会って結婚されたカップルは6組ほどいると聞いている。

まちへの愛あふれるガイドが特徴

まいまい京都、最大の魅力は、〝愛〟あふれるユニークなガイドたちだ。御用庭師、落語家、考古学者、女性僧侶、建築探偵、廃線マニア、地元主婦、妖怪の子孫など、累計400人以上ものバラエティに富んだガイドたちが、それぞれ専門のテーマでまちを案内してくれる。

よくガイドの研修方法に興味を持たれるが、研修はしていない。ガイドは公募・養成するものではなく、運営スタッフの主観でおもしろい人を探して依頼している。普段から情報のアンテナを張り、知人の紹介や書籍・SNSなどを通じて、おもしろい人をとにかく探す。まちの最大の魅力は「人」。先にコースルートやまち歩きマップをつくってから案内できる人を募っても、おもしろくならない。大事なのは、おもしろくない人を育てようとしないこと。せいぜい1週間ほど研修したところで、そんな付け焼き刃の知識ではおもしろいはずがないのだ。

仕事でも学びでも遊びでも「知っている」だけでは、好きな人、楽しんでいる人には遠く及ばない。そのガイドが、仕事や趣味や暮らしを通じて、日々考え、体験している話だからこそおもしろい。そのガイドならでは、そのガイドしかできないツアーこそがおもしろい。地元への愛、仕事への愛、ディープな趣味、そこに暮らす人々への愛。ガイド技術は素人でも、あふれ出る愛情がじわっと参加者に伝播する、そんなツアーを常に目指している。おもしろい人＝ガイドさえいれば、コースはいくらでも創り出せる。

ガイドが決まれば、次はツアータイトルを徹底的に考える。ガイドが伝えたいことと、参加者が期待すること、その両方を齟齬がなく且つ最大限高められるように。固い言葉を避け、楽しい言葉に言い換えて。「誰と」行くのか、「どこへ」行くのか、タイトルだけでツアーの内容がイメージできるように。

参加者はタイトルを見て、どのツアーに参加するのかを決める。ガイドには、ツアー本番中もタイトルを意識してもらうようお願いする。そしてツアーの案内文やイメージ写真も、タイトルを膨らませるかたちで事務局とガイドがやり取りしながら作成する。タイトルは集客を大きく左右し、ツアーの内容をも規定するのだ。私たちは1ツアーのタイトルを決めるのに、数時間かけることもある。

ガイドには、参加費×参加人数－経費（拝観料など）の約4割をガイド料としてお渡ししている。参加費や集客によって上下があるが、1ツアーあたり平均2万円前後だろうか。参加費は安ければいいというものではなく、ある程度払う方が参加者もその分楽しもうと前のめりになるし、ガイドも楽しんでもらわねばと力が入り入念に準備する。その相乗効果が、何より楽しい時間を生むのだ。そして、そのマッチングこそが、まいまい京都の仕事の核心な

のだ。

なお、ガイド自身が飽きるとツアーの魅力が落ちるので、ニーズはあってもしばらく休む（シーズンをあける）ツアーもある。ガイドひとりがシーズン中に担当するツアー回数も1回から数回程度。マンネリ化させず、ガイド自身の緊張感やワクワク感を持続させることも、参加者を引きつける重要な要素になっている。

年間600を超える多様なツアー

ここで、まいまい京都のツアーをいくつか紹介しよう。

「【無鄰菴《むりんめん》】御用庭師のお仕事拝見！　名庭の美を紡ぐ、技と心に迫る～庭師七つ

道具、見方・表情・愛し方、南禅寺方丈から野花咲く春の無鄰菴へ～」「【浄住寺《じゅうじゅうじ》】仏師のお仕事拝見！　仏像の過去未来を繋ぐ職人の世界～葉室山浄住寺・方丈貸切拝観、修復中の仏像拝見、仏師の工房を訪ねて～」などの、仕事への愛をガイドするツアー。他にも建築家、菓子職人、考古学者、お坊さん、ホテルマン……愛を持って仕事に打ち込む人は格好いいし、それ自体がコンテンツになる。その裏側を覗き、技や心に触れる。当事者がガイド、ならではのおもしろさ。いつもの景色が様々な〝仕事〟によるものと知れば、より一層まちが愛おしくなってくる。

「【御土居《おどい》】タモリさんを案内したガイドと、御土居でOh！　京都を囲む巨大土塁

御土居ツアーの様子

～京都高低差崖会凸凹ツアー！　巨大城壁がつらぬく鷹ヶ峰台地へ～」「【西院《さいいん》】廃河川探検家・玉ちゃんと、幻の運河・四条川を捜せ～屋根より高い川の跡！　川が消えても、地形は忘れていなかった～」などの、ディープな趣味への愛をガイドするツアーも大人気だ。高低差？　廃河川？　と侮るなかれ。丹念に歩けば、そこからまちの深い魅力が浮かび上がってくる。ツアーが終わる頃には、ガイドの愛情がすっかり伝染。まちのちょっとした起伏や不思議なカーブが気になって仕方なくなるのだ。鉄道から仏像、植物、あんこ、マンホールまで、熱愛ガイドの手にかかれば、まちは宝の山。楽しいことにあふれている。

「【本願寺門前町】表具屋主人と、門前町の老舗をたずねて～御用菓子、御茶司、京仏具、香老舗…本願寺の御用達めぐり～」「【出町柳】地元主婦といくワンダーランド出町柳！ 路地と個性的なお店めぐり～ブリコラージュ進行中、左京区カルチャーを訪ねて～」などの地元への愛をガイドするツアー。よそ者には話しかけづらい老舗のご主人も、そこで生まれ育ったガイドにとっては、まちのオッチャン。ガイドにとっては日常的な知り合いとの会話や思い出話こそがおもしろい。ガイドと地元の親密な関係が、参加者とまちを一気に馴染み深いものにする。

「【塩小路《しおこうじ》幹線】地下30m、雨水をためる巨大トンネルを探検しよう～京都の地下に〝宇宙船〟!? 普段は立ち入り禁止の工事現場へ～」「【動物園】大人の動物園探検ツアー☆バックヤード見学付き～子ゾウに興奮！ ゴリラに感動！ 飼育員さんと巡る京都市動物園～」などの行政機関との共同企画ツアーも増えている。とはいっても、税金を使って事業を委託されるのではない。そうすると行政機関がクライアントになってしまい、参加者に楽しんでもらうという、そもそもの目的がぶれてしまう。あくまで得意分野を活かして、共同でツアーを企画するのだ。水道局職員や飼育員さんなど行政の立場にいながらおもしろい視点を持つ方にガイドを担当してもらい、我々は原則として参加者収入だけでツアーを運営する。

「【永楽屋《えいらくや》】日本最古の綿布商・永楽屋、十四世細辻伊兵衛がご案内～門外不出のお宝拝見、手ぬぐい活用術、限定手ぬぐい付き～」「【スプレッド】世界最大の野菜工場！ 1日2万株のレタスを生産する亀岡プラントへ ～空気・光・水のコントロールで生まれたプレミアムレタス、レタススムージー付き～」など、大人の社会見学、京都の会社探検ツアーも大人気だ。京都商工会議所と共同で、2014年秋より毎年20コースほど開催している。まちの魅力は、社寺や旧跡だけでなく、そのまちの会社やお店によるところが大きい。そこでどんな人がどんな思いで働いているのかを知れば、通り過ぎるだけだったまちが、もっと好きになる。日頃からの工場見学は難しくても、ツアーというその日その時間限りならと受け入れてくれる会社も多い。企業間取引が中心の会社からは「一般の方から喜びの声を直接聞けて、仕事の励みになる」などうれしい声もいただいている。

「【東七条】部落史研究者と歩く、首切り又次郎の生きた時代 ～我ら、山水河原者の末裔なり！ 崇仁地区から六条河原刑場跡まで～」「【ウトロ】在日コリアン集落に、オモニたちの暮らしを訪ねて ～労働者たちが暮らした飯場小屋、今まさに解体工事が進む戦争の爪痕～」のようなツアーもある。意識していなかったが、最近はダークツーリズムと呼ばれたりもするようだ。被差別部落や在日コリアン集落はタブーとされがちだが、まちには連綿とコミュニティが根付いている。隠すわけでもなく、必要以上に持ち上げるわけでもなく、在るがままのまちを知ってほしいという地元の方と一緒に開催している。人権を振りかざすツアーではなく、まちの多様性を体感するツアーコースのひとつとして、プログラムの中に並ぶことが大事だと思っている。

まいまい京都は2011年春に始まり、初年は87コース、次年は235コース……と増え続け、2017年は約600コースを開催した。京都はもちろん、まちの魅力はその多様性や重層性にある。開催コースがどんどん増え、バラエティに富んでいるのは、京都のまちの多様性を顕在化させて楽しみたいと思っているからだ。歴史や文化や宗教や物語や妖怪や高低差やトマソンや魑魅魍魎や複雑怪奇やらが、わんさかあるのがまちの魅力で、それを全身で体感するのがまち歩きの醍醐味だからだ。

まち歩きの人気に輪をかけたのが、NHKのテレビ番組「ブラタモリ」である。ディレクターから私のもとに相談があったのが、2014年秋。まだ「ブラタモリ」という番組名になるかも決まっていない頃から関係は始まり、パイロット版・京都伏見編・京都嵐山編・大阪編・神戸の港編・神戸の街編・京都清水寺編・京都祇園編に企画協力した。まいまい京都の何人ものガイドたちや、私自身も案内役として出演。今や視聴率15%前後を保つ超人気番組となり、まいまい京都にも「ブラタモリを見て知った」という方が多く参加されるようになった。まち歩きのおもしろさは一過性のブームではなく、普遍的なものだと改めて感じている。

運営体制について

まいまい京都の運営体制は以下のようになっている。

事務局スタッフが、私を含めて４人。ガイドとの折衝や広報、経理、ツアー同行など、事業の裏方全般を担当している。まいまい京都は、経理上は私の個人事業となっており、社員は雇用していない。業務委託という契約で、月額合計30〜40万円を支給している。

さらに一般財団法人京都ユースホステル協会が、電話窓口やツアー受付を担当。創業時より苦楽を共にした大切な仲間で、経理上は月額25万円で業務委託というかたちになっている。

加えて有償のボランティアスタッフ（以下、メインスタッフ）が９人。事務局スタッフとともに、ツアー同行を担当している。ツアー開催３日前に、ガイドへ参加者情報を送り、タイムテーブルや配布資料を確認。当日は集合場所での参加費収受と注意事項の説明、ツアー中のタイムテーブルや安全の管理、終了後のアンケートの配布と回収などを行なう。後日、回収したアンケートの内容を、改善点や所感とともにデータベースに記入して事務局と共有している。

そして、無償のボランティアスタッフ（以下、サブスタッフ）が同じく９人。ツアー当日のみ、メインスタッフのサポートを業務としている。

すべてのツアーには、事務局もしくはメインスタッフが必ず同行している。サブスタッフがつく場合は、事務局もしくはメインスタッフと合わせてふたり体制となる。スタッフがすべてのツアーに必ず同行することはとても重要だ。まず、ガイドが案内や参加者との交流に集中できる。そして、アンケートだけでは見えづらい実際の現場の様子、空気感をスタッフが把握することができる。場合によってはガイドに質問を投げかけたり、参加者に話しかけたりして、楽しい空気を醸成する。この主催者としてのクオリティ管理こそ、ツアーを継続的に運営するポイントだ。これらの現場からのフィードバックは、次のシーズンの企画構成にも活かされている。

メインスタッフの謝礼は、1ツアーあたり3500円。そこから交通費を除くと残りは少なく、みな平日は別の仕事をしながら、土日祝に手伝ってもらっている。サブスタッフには学生も多く、交通費として1ツアーあたり500円を渡している。京都やまち歩きが好きな、明るくて楽しいスタッフばかりで、彼女たち（ほとんどが女性）の支えがなければ、まいまい京都は成り立たない。

なお、まいまい京都は旅行業者として登録はしていない。旅行業とはざっくり言うと、宿泊施設や運送機関との仲介業のこと。まち歩きツアーのようにホテルの宿泊やバス移動を伴わぬ事業には関係ない。だが行政機関や旅行業者でさえ勘違いしている人が多く、今まで幾度となく問い合わせがあった。念のため観光庁に聞いたところ「それ（まち歩きツアー）はイ

ベントですね。旅行業ではありません」とのこと。ＷＥＢが発達し個人で宿泊や運送を手配するのが当たり前となり、旅行のかたちがこれだけ多様化しているのに、「旅行業」の名称や制度がいつまでも変わらないのはいかがなものだろうか。

小さいところから組織をつくるのが肝心

２０１７年の総売上は、約４８００万円。内訳は、まち歩きツアーが約４２８０万円。旅行業者などにツアーをまるごと買い取ってもらう「オーダーツアー」が約２３０万円。私の講演やテレビ出演などが約２５０万円。オーダーツアーや講演の依頼も増えているが、外部業者からの売上に頼るのはリスクが高く、自前での販売が基本である。

売上原価は約2500万円。内訳は、ガイド料が約1600万円。拝観料や食事代などのツアー経費が約900万円。売上総利益は約2300万円なので、粗利益率は約48％だ。

一般管理費のほとんどは人件費で、約1850万円。まち歩きツアー事業で重要なのは、いかに経費を抑えるか。まいまい京都は今も事務所は持っておらず、スタッフは基本的に在宅ワークで、必要な時はカフェで集まって打ち合わせをしている。広告宣伝費は、約5万円。参加予約の99％はWEBからで、2017年はパンフレットさえつくっていない。

そもそもまち歩きツアーには資本が要らない。おもしろい人さえいればできる。立ち上げに必要なのはWEBサイトとマイクと手旗ぐらいだろうか。できるだけ小さく始めて、ツアー数の増加とともに少しずつ組織や設備を整えていくことが肝心だ。行政機関がまち歩きツアーを始める場合、最初に資本をドンと投下して、途中からは自立させたいとよく相談を受けるが、もってのほかだ。大企業の新規事業が難しいのと同じように、組織や設備を整えてから事業を始めてもうまくいかない。事業規模に合わせて小さいところから組織をつくっていくべきなのだ。

また「広報の秘訣は？」ともよく聞かれるが、広報は積み重ねが大事で、即効策はない。まいまい京都を知ったきっかけを調査しても、知人の紹介20％、検索エンジン18％、

Facebook 17%、テレビ12%、Twitter 12%……とかなりバラけている。SNSで情報発信し続けることも大事だし、テレビや雑誌にも出続けることで効果が積み重なっていく。そして何より重要なのは、タイトルをはじめ「ツアーが魅力的に見えるかどうか」だ。他の地域の事例では、内容はおもしろくてもそれが表現できていないことが多いように感じる。

もしこれからまち歩きツアー事業を立ち上げようと思うなら、最初から20以上のコース数をそろえることをお薦めする。ある程度の規模がないと、認知も広がらない。運営ノウハウもたまらず、次に繋げられない。恥ずかしいことも含めて徒然と書いてきたが、私たちの事例で参考になることがあれば真似してほしいと思う。「うちのまちはこうだから」とかできない言い訳を探すのではなく、まずは真似から始めてみよう。たくさんのツアーをこなすようになれば、自ずと改善点が出てきて、それがオリジナリティに繋がると思う。

まちの最大の魅力は「ヒト」

まいまい京都が全国で注目され、視察が増えてきたこともあり、毎年「まち歩き事業の始め方レクチャー」という講演会を開催している。北は北海道から南は沖縄まで、毎回50人ほ

ぼ満員の参加がある。「観光都市・京都だからうまくいってるんでしょ」と見られがちだが、先に書いたとおり実際には75%が近隣府県からの参加者だ。そして京都だけでなく、どんなまちでも、独自の視点を持つガイドと一緒に歩けば、まちのあちこちに潜んでいたおもしろさが次から次へと浮かび上がってくる。

大型バスで施設に乗り付けるだけだったハードウェア（モノ）型の観光から、ガイドブックを片手に物語をなぞるソフトウェア（コト）型の観光、そして「あの人に会いにいく」ガイドや地元の人とともにまちを体感するヒューマンウェア（ヒト）型の観光へ。まちの最大の魅力は「モノ」や「コト」ではなく「ヒト」にある。

まちへの愛と教養が身につくと、日常がもっと楽しくなる。「まちの見方が変わった」「地元のまちも、こんな目線で歩いてみたい」そんな感想がうれしい。新しい旅の選択肢として、まち歩きツアーが全国でもっと盛り上がることを願っている。

以倉敬之（いくら・たかゆき）

京都のミニツアー「まいまい京都」主宰。１９８５年生まれ。高校中退後、吉本興業の子会社勤務、イベント企画会社経営をへて、２０１１年よりまいまい京都を開始。ＮＨＫの人気番組「ブラタモリ」に企画協力し、２０１７年４月の京都清水編に出演。２０１８年３月より、まいまい東京も本格始動。花街・宮川町にて町家暮らし。

case

5

祭りと融合し、地域にとけ込む

野外音楽フェス

photo:Kanji

高《たか》岡《おか》謙《けん》太《た》郎《ろう》

不特定多数の人間が、音楽によって場を共有する。音楽フェス、野外パーティ、レイヴなど呼び方は様々。聴覚を介した音楽は視覚と違って、意識せずとも自然と耳に入ってくるので一体感を得やすい。野外でイベントを行なえば、音はより遠くまで届き、多くの人たちを巻き込むことになる。

フジロックフェスティバルやウルトラジャパンなど今やたくさんの音楽フェスが日本に定着しているが、現在では法的な制約や近隣の苦情が厳しくなったがゆえに、インディペンデントレベルでの開催が厳しい状況になりつつある。

そんななか、２０１０年代に始まった熱量の高いふたつの事例を紹介したい。まずは愛知県豊田市で行なわれている祭り、「橋の下世界音楽祭」。こちらはパンクバンドが中心となり、河川敷一帯を〝祭り〟が埋め尽くす。もうひとつは、東京の自由が丘駅すぐ近くで開催されているパーティ「Erection-Block Party-」。屋外の駐車場でＤＪによるプレイやライヴが行なわれ、日本最大級の商店街の祭りを盛り上げる。

音楽フェスの様式美を覆す〝祭り〟、「橋の下世界音楽祭」

愛知県の豊田駅前から徒歩約10分。豊田スタジアムへと向かう途中に架けられている豊田大橋の下で、2012年から開催する新しい〝祭り〟がある。
日本の古来からの伝統的な櫓《やぐら》を組む祭りと、パンク・カルチャー由縁のDIY（Do It Yourself）精神を用いた音楽フェスを掛け合わせ、地場産業からレイヴ、パフォーミングアートなどもひっくるめた、いや吸収できるものはすべて取り込む勢いのある音楽祭が「橋の下世界音楽祭」だ。と言い切りたいところだが、要素が複合的なのでなかなか断言しきれない。そこがまたおもしろい点でもあるのだが……！

このイベントに近いものがあるとするなら、下地は日本特有の地域ごとにある祭りだ。本祭の会場となる豊田大橋の下では、櫓が組まれ、出店が並び、神輿が担がれ、騒いで踊るという、地元の祭りの様式美を立脚点に様々な要素を盛り込んで、〝祭り〟が拡張している。誰でも通ることができる橋の下の川べりで行なわれ、無料で入場できるのも祭りならでは。しかし、出演者や出展者、参加者がひとくくりにはできないのがキーポイント。アイヌから沖縄まで幅広い地域性をもつバンド、特定のジャンルには縛れないＤＪ、劇団、そして海外からも、その表現に地域性を結びつけた出演者が多く集まる。これらの出演者に対し、推定1万人以上の集客があるそうだ。

出店も個性的で、ゆうに50以上はある。フェス飯を出す屋台やヒッピー系のグッズショップも並ぶが、地元の地場産業の店も混ざっている点が特徴的だ。鍛冶屋やだるま屋など、音楽フェスと考えると異色の出店が並ぶが、この祭りにはとけ込んでいる。祭りの3日間だけ、小さな街ができたかのようにも思える。ある人が、アメリカの荒野で行なわれる、自給自足をテーマにした巨大フェス「バーニングマン」のようだと形容していたのも納得だ。

2000年代に起きたフェスブームによってイベントが乱立した状態であったが、現在ではパターンも出尽くして一段落し、縮小傾向にある。しかしこの祭りは、年々巨大化している。この祭り自体がまるで神輿のような存在で、その神輿を担ぎ上げようと大勢の人々が参加して、毎年毎年、より高く大きな盛り上がりをつくり上げようとしている、というように。

音楽フェスを観尽くした男たちによるアクション

この祭りの象徴的な瞬間は日が落ちてから。会場内にある高さ3メートルはある櫓の上で演奏するのは、イベントの首謀者でもあるパンクバンド、TURTLE ISLAND。パンクロックの名曲であるSex Pistols「Anarchy in The UK」を音頭調で演奏し、櫓の周りを数百人のオーディエンスがモッシュさながらに時計回りに走りだす。ステージが対面になっているライヴハウスでは見られない光景だ。

このイベントの成り立ちから運営までをうかがうために、まさに熱狂の渦をつくり上げた

photo:Tomoya Miura

TURTLE ISLANDのマネージャーであり主催者のひとり根木龍一《ねぎりゅういち》氏に会いに行った。もともと根木氏は、国内外、ジャンルの垣根なく野外フェスを体験してきた。そして、TURTLE ISLANDが出演したUKのグラストンベリー・フェスティバルやEUツアー、中国、モロッコ、NY、台湾などに、マネージャーとして同伴したこともある事情通であり実践者だ。橋の下世界音楽祭のことを語る時は、常に高笑いをしながら答えてくれたのが印象的であった。

このイベントの成り立ちを辿ると、TURTLE ISLANDのボーカル、永山愛樹《ながやまあいき》の思いが最初にあったという。「震災以降、何かアクションをしたいという彼の思いがあって。でも、原発反対デモのように何かに反対するだけではなく、人生の限られた時間の中、もっと根底に戻り、集まる人の魂が喜ぶような場がつくれたらという話が発端なんです」と根木氏は語る。

この豊田大橋の下は、TURTLE ISLANDが最初に練習をしていた場所だった。さらに、日本の歴史を紐解けば、〝橋の下〟は能や歌舞伎など、民衆が新しい表現を自由に始める場だった。これらの要因が絡み、この祭りを開催する場所は必然的に決まったそうだ。

場所が決まっても、イベント開催には使用許可が必要だ。橋の下の河川敷を借りる際は、国交省や豊田市行政に申請しなければならない。地元に住む永山が担当しているが、お金よりも申請の書類作成が大変だという。「国交省の担当者は3年任期で変わっていくので、その都度新たに一から話をし、関係をつくるのも大変でした。一時は国交省と対立気味になってしまったこともあり、あまりに対応が厳しくなったので豊田市を諦め、開催を求められている各地で開催しようと考えたこともありました。しかし、担当の方々と（永山）愛樹が対話を続け、徐々にお互いの思いや立場などを擦りあわせていくことができたんです。今は、フラットに話を進められるようになってきました。やはり豊田市の中でも認知度が上がってきているので、国交省や行政側もただ厳しく規制を設けて取り締まるのではなく、例えば、緊急災害時の対処の仕方など、いかに事故を起こさずに、さらにはこの祭りの趣旨やよさを崩さずに、いかに合法的かつ安全に開催することができるのかということを、立場を超えて一緒に考えていければ、この祭りをこの場所で存続していけるだろうということになりました」と根木は苦労話を聞かせてくれた。国交省の所長をも魅了させる熱量がある証拠だろう。

何もないところから始めるのが当たり前だった

既存の枠組みとは違ったイベントゆえに、運営も独特である。長年の音楽活動から築いてきた縁で困難を乗り越えている印象だ。通常の音楽フェスならば、音響機材業者に借りてセッティングを頼むが、フェスを運営するにあたって必要な機材の調達も独自のルートを開拓している。

豊田市は現在に至るまでライヴハウスが存在しない街でもある。それもあって、永山の先輩のパンクバンドによって90年代から行なわれていた駅前での野外ライヴイベント「炎天下ギグ」では、スピーカーなどの機材は独自に借りてくる文化が根付いている。若い頃の永山は、そういった運営方法を目の当たりにしていて、本イベントでも機材は人の縁で賄われているのが現状だ。山形からスピーカーを運んでくれる仲間もいるし、同じ志の仲間やボランティアは北海道や沖縄からも集まる。ちなみに主催者が声を掛けた出演者と関係なく、会場内で勝手に演奏をしている人もいるという。

会場内のステージの設営やデコレーションは、基本的に廃材を使っている。この祭りを始めるにあたり、東北の大震災以降に意気消沈していた人々に『人の力』や『人の思い』の素晴らしさを感じられるようなことを創り出し、皆の心にもう一度火をつけよう！」と、「火消しのめ組」をもじり「火つけのぬ組」という、建築に明るい有志が集まり、祭りの10日前から建て込みが行なわれる。地元と繋がりがあるミュージシャンや大工、仲間の建築関係従事者が、開催期間3日間だけの街をつくり上げるのだ。「みんながどんどんつくっちゃうから何ができるかわからないんですよ（笑）」と根木氏は笑いながら語る。つくり手のセンスに任せているのだろう。撤収は役所との約束があるため、祭りがクローズしてから3日で終わらせるそうだ。

楽器を鳴らす舞台、本部事務所やバックヤード、インフラの電力は、2年目から太陽光発電ですべてを賄っているという。神戸に本社がある慧《けい》通信技術工業株式会社が開発した太陽光独立電源「パーソナルエナジー」の協力のおかげだ。当時のTURTLE ISLANDのメンバーと旧知の仲であり、この祭りのコンセプトを伝えると「電力を全部やらせてほしい」と、ソーラーパネルを持参してもらうことになったそうだ。開催2年目には760枚のソーラーパネルが河川敷に並び、現在は予備電力のバックアップなしで開催できている。「エコロジーや原発反対を掲げるでもなく、野外イベントでの自給と自治が『当たり前』にできたら」とイ

photo:Kanji

ベント開催の発端と結びつく思いを聞かせてくれた。

気持ちよくお金を払って参加する

気になるマネタイズに関してだが、基本的に投げ銭制（ドネーション）を導入している。「楽しんだ分を自分の価値観でお金に換算して来場者が払ってくれるということが徐々に根付いてきたから気持ちいいんですよ。参加しているという意識になるし。誰もが祭りの功労者になった気になるので、自然とうまくいっているんだと思います」。ただ、初年度は助成金を受け取らないスタンスを貫いて大赤字を出し、見るに見かねた仲間が助成金申請をして赤字にはならな

photo:Tomoya Miura

かった。しかし、「この祭りに関しては助成金などの税金を使うのは嫌だし、投げ銭が税金みたいなものだよね」という話になり、申請は初回のみ。現在は開催のたびに数千万円の出費があるが、投げ銭、ドネーション、グッズなどでギリギリ賄えているという。来場者が、気持ちよくお金を払える雰囲気づくりも重要だ。

このイベントの運営中心メンバーは、永山、根木、タケマイ、大塚の4人。気心の知れた間柄で普段からなんでも言い合える関係だという。このイベントのイメージを共有するために1年中話し合っているそうだ。主催者同士が一緒にライヴに行くことが多いので、感覚が共有されているというのも大きい。出演者のブッキングに関して

橋の下世界音楽祭チラシ

基準があるのかをうかがうと、「一般的に人気があるからという理由で呼ぶのはやめていますね（笑）。現在は人が集まる場ができているので、自分らはいいと思うけど、もっとたくさんの人に観てもらいたいというアーティストを中心に、縁とタイミングで場を提供しています。出店も、大きな店やプロよりも、おもしろい表現をしている店を呼んでいます」とのことで、出演者・出店者のチョイスも、後続を育てようとする意思が伝わってくる。

橋の下に出現した自治区

大規模な謎の〝祭り〟にも関わらず、地元の住民とも軋轢がほぼないというのも特徴だ。祭りのない街だから優遇されているというのもある。喧嘩も起きないという。筆者も足を運んで思ったのだが、雰囲気のよさ、風通しのよさがあり、ここは喧嘩をする場所ではないな

photo:56kosaka

という空気感が生まれている。トラブルが起きたとしてもすぐに丸め込まれることが多いそうだ。騒音の苦情もあるが、〝橋の下〟ということもあって警官も大目に見てくれる。駐禁も待ってくれる場合もある……という話まで書いてしまっていいのかわからないが、このイベントならではの特例だろう。

最後に開催を継続するためのコツに関してうかがうと、「人が集まりすぎるから来年から出演者をいい意味で減らしたいなと思っているんですよね（笑）」と質問をひっくり返す答えをしてくれた。このイベントの雰囲気を理解している人たちが持つ、初期からの熱気と趣旨、真意を保ちたいからだという。あえて言うなら、無償でもいいから出演者に「出演したい」と思わせる、熱量のある枠組みをつくることがこの祭りの成功のコツなのだろう。

祭りの間だけ、駐車場をＤＪパーティ会場に「Erection-Block Party-」

目黒区の南部、東急東横線と大井町線が交差する自由が丘駅は、都市開発が進んで整った街並みだ。その自由が丘駅から徒歩2分の銀行の駐車場につくられた特設会場に、ぎっしりと詰めかけた数百人の客。ＤＪが盛り上げ、ラッパーがマイクで煽り、地元の住人から遠くから来た音楽ファンまで大勢の観客を沸かせる。地元の祭りに自然ととけ込んだブロック・パーティが、駅前でここ数年間、定期的に行なわれている。自由が丘の駅前の商店街の祭り「女神まつり」は、毎年10月の3連休に開催される。期間中の来場者数は延べ50万人にものぼり、年々来場者数は増加中だ。自由が丘駅を中心に半径３００ｍのエリアで、ステージ、フード、ショッピングと楽しめる催し物がある。ふたつめに紹介するイベント「Erection-Block Party-」は、この女神まつりの一角で行なわれる野外パーティだ。

このErection-Block Party-は、駅前ステージに次いで大きい会場で開かれる。入場無料（別途ドリンク代５００円）で、昼から夜にかけて行なわれ、出演するのはクラブミュージック・シーンを沸かせる旬のアーティストやプレイ内容に定評のあるＤＪ。フジロックフェスティバルにも出演するアーティストが名を連ね、例えば、田我流、やけのはら、G.RINA、okada、VIDEOTAPEMUSICなど。商店街の真ん中で彼らの音楽を楽しむという、なかなかない体験が楽しめる。会場内には音楽だけでなく飲食の屋台も用意され、産業能率大学と茨城県がコラボレーションしたブースでワカサギやカワエビなどの特産品も味わえる。では、この人気商店街で気楽に騒げる場が成立した経緯を紐解いていこう。

国内最大級の商店街組織の一角でのブロック・パーティのなりたち

このイベントの初回は、台風のため中止になってしまったが２０１４年。それ以降、２０１５年から現在までは毎回満員で盛況だ。もともとは代官山のクラブＳａｌｏｏｎでのＤＪイベントとして始まったErection。２０１７年で10周年を迎え、回を重ねるごとにイベントの知名度も向上。近隣のクラブ数か所でイベントを同時開催して行き来できる「クラブサーキット」を催したり、クラブ以外の趣きの違った場所でも開催されたりするようになった。

この野外イベントの開催の発端は、Erectionのオーガナイザーである高根大樹《たかねだいき》と商店街との繋がりによるところが大きい。もともと高根が主催するイベントに出演していたＤＪの

SEX山口とGUNHEAD、そのふたりの友人が、自由が丘の商店街、自由が丘広小路商店街の焼き鳥屋とり正のオーナーの息子だった。そこから自由が丘広小路商店街と繋がりができたという。今までになかった組み合わせがイベントの開催を可能にしたのだ。

女神まつりは、自由が丘にある12の商店街が集結してつくり上げている。組織の活動目標は「自由が丘の魅力づくり」「会員店舗の繁栄」。各商店会によって、女神まつりでの出し物も変わってくる。ちなみに、それらを束ねている自由が丘商店街振興組合は、単一組織の商店街振興組合では国内最大級の商店街組織となる。

このパーティを運営しているのは、商店街とクラブのオーガナイザーだけでない。地元にある産業能率大学の学生も一体となってイベントを運営している。商店街は、場所があるが盛り上がるイベントコンテンツがほしい。地元の学生は、社会参加して勉強する機会がほしい。イベントオーガナイザーは、アーティストとは繋がりがあるが野外でイベントを開催できる場所がほしい。各々の利害関係が偶然一致し、参加者全員が得をする仕組みになっている。

町おこしプロジェクトと連携

photo:56kosaka

イベントオーガナイザー、商店街、学生の三位一体で、Erection-Block Party-が成立したわけだが、開催に至ったのには、こうした新しい試みに寛容な商店会幹部が商店街にいたことが大きい。古書店「西村文生堂」の三代目であり商店会副会長の西村《にしむら》康樹《やすき》氏は、近所の店の店主とも付き合いが長く、その親父同士も知り合いという根っからの地元民で、テレビの街歩き番組に出演したり、構成を任されたりすることもあるほどこの街に深く関わっている。そしてもうひとり、産業能率大学の学生で、女神まつりの全体の仕切り役である、プレゼン上手の学生、渡邉《わたなべ》麻莉華《まりか》氏の尽力も大きい。商店街副会長の西村氏、学生の渡辺氏のふたりに、イベントとの関わり方を聞いた。

場所は、社団法人でありシェアオフィスでもある、自由が丘の駅前の事務所コンテンツラボ。自由が丘にはもともと地域づくりの基盤となる事務所があるのだ。「コンテンツラボは、個別の案件ごとに補助金や企業からの資金をもらって運営しています。出資しているのは地主、産業能率大学、東急電鉄、飲料メーカーなどいろいろな企業。地域と企業と大学、三位一体の連携が最近の国の政策のテーマで、我々はその前から始めていたので日本で一番うまくいっているんじゃないでしょうか。近年、地方創生の流れがありますが、結論ありきでプログラムが決まっているのでなかなかうまくいかないんです。補助金をもらってそれなりに何かやって、報告書をつくるまでしかできていない。それじゃ、学生もつまらないのでは。自由が丘のように勇気をもって世の中に切り込んでいるところはあまりないいんじゃないかな」と西村は言う。

学生も近隣住民の一員

渡辺が通う産業能率大学の研究所も大きく関わっている。「自由が丘イベントコラボレーションは大学内の単位がもらえる正式な授業です。関わっている地域イベントは、スイーツフェス、女神まつり、サンクスリバーの3つ。街や企業との交渉、当日の運営までを一貫し

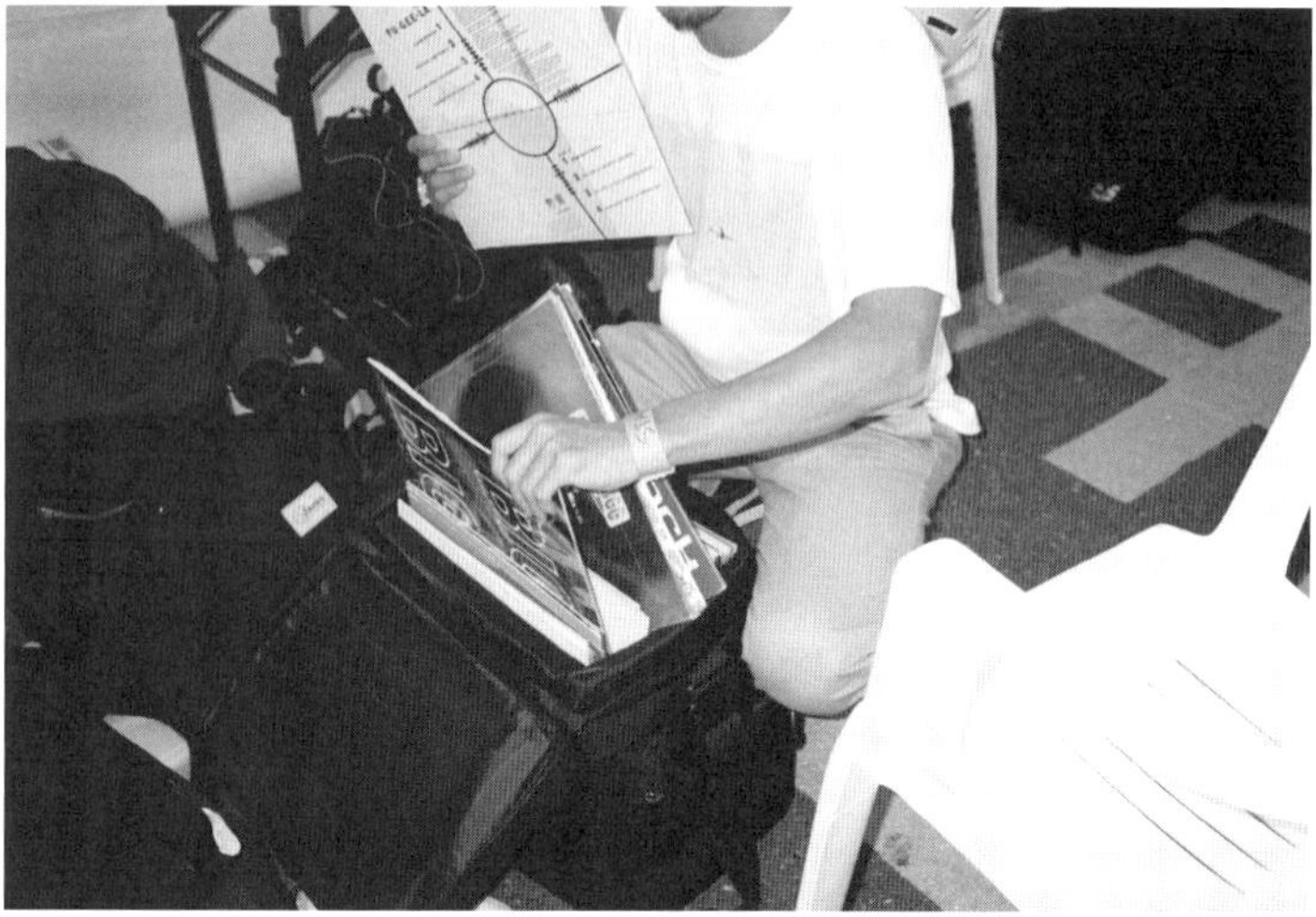

photo:56kosaka

て、学生が担う授業です。街の大人から信頼を得て、いろいろな企業と連携をしています。9年前、自由が丘にキャンパスがあるのに学生がお祭りに関与できないのは寂しいということで、ボランティアのビラ配りから始まっていろいろ任されるようになりました。イベント以外にも、街の緑を増やすキャンペーンにも参加しています」と渡辺は教えてくれた。「自由が丘の商店街と産業能率大学が一体化するような関係性が育めています」と西村も参加を温かく受け入れている。

異例のDJパーティが行なわれるほど女神まつりがユニークなイベントとなった理由について、西村は続ける。「もともと父親世代が、女神まつりの運営や企画を行

photo:56kosaka

なっていて。上の世代と代替わりのタイミングがあって、急に我々の世代がまっさらな状態から始められたんです。他の商店街では代替わりをしていないものもありますね」。

街中で運営する際の注意点

マネタイズに関しては補助金で賄えている部分は、機材費、舞台設営、サウンドシステムなどまで。出演料は、ドリンクの売り上げ、ドネーション、物販で賄っている。もちろん補助金を得るためには理由が必要だ。「補助金は区の産業経済課から出ています。申請理由のひとつは商店街の外の活性化、つまり外部から人を集めてアピールするためです。もうひとつは商店街内の活性化、それは地域コミュニテイの強化。それらが大きな目的で、集客は達成しているのですが、外部の人に丸投げをしてしまうと地域コミュニテイの活性化にならないので、商店街内での手づくりを求められますね。だから地元の学生さんは地域教育機関の連携として重要なのです」（西村）。

また、野外でイベントを開催するには届け出が必要だ。申請するものは、大きく分けて3つだという。「道路使用許可は警察、補助金申請は自治体、飲食は保健所。道路の許可は、警察で、緑道は公園課。これらは企業では無理で、商店街や大学でないと貸してくれない。コインパーキングなどの場合は民間なのでお金次第で借りやすい」

近隣への配慮も気になるところ。「現状は法律違反ではないんですよ。クレームは入るんですけれど、お祭りということで謝り倒すしかない。喧嘩する必要はないので。警察は、近隣からの通報の電話があると現場に来てしまう。警察が本当に怒るのは、道路が止まってしまった時だけですね。ただ、新規で開催するのはなかなか難しいでしょう。これは昔からやっているお祭りだからやりやすい」（西村）

継続の秘訣を聞くと「誰もが納得するクオリティでしょう」と西村氏は笑顔で語った。「（出演者による場の盛り上がりが）ギャラに見合っている。いや、お値段以上でしょう。（商店街の祭りでは）だいたいギャラに見合わないパフォーマンスが多いんですよ。自由が丘の場合はタダ

Erectionラインナップ

でもいいから出たいという人が多いんですが、お客が呼べないようではね……。高根さんたちにとってもプラスにならないと毎回参加してもらえなくなるし。基本的に商店街のお祭りは役員がしたいことをしてしまうが、自分たちの場合は客を集めるため、地域コミュニティのために動く方が楽しい。スポンサーを裏切らないために。あと、学生を預かっているので入場料は無料ですけど、実はアーティストはボランティア出演ではなく、ある程度支払えていて、通常どおりのイベント運営ができている」

専門家に任せる器の大きさ

最後に、アーティストを招聘する側、イ

ベントのオーガナイザーである高根に話を聞いた。もともとＤＪイベントを数多く主催してきた高根は、主に屋内のクラブを拠点としている。現在、野外でイベントを行なうことは近隣の苦情など様々な問題から困難だそうだ。「駅の近くで音が出せる場所があったのは、こっちとしてはラッキーでしたね。初回も思ったより人が集まってしまって大変でしたが、内容もよかったし無事に終わりました。プロフェッショナルな大人の姿を見せていかなければならない商店街からもブッキングなど内容に関する注文が一切なく、完全にお任せしてくれているのはすごいですね」と言う。お互いに担当する部分を任せ合う信頼関係ができているのだ。

「出演するアーティストはどういった人選なのですか？」という問いかけへの、高根の一言が印象的であった。「基本的に一緒に遊びたい人しかErectionには（出演者として）呼んでないかな」。オーディエンスに目線を合わせてくれるアーティストを呼んでいるから、参加する商店街の関係者や住人との一体感が生まれるのだろう。

野外における音楽イベントの注意事項

さて、本稿で紹介したふたつのイベント、両者の運営で共通することは、もともと持っている自分自身のスキルや機材、交友関係などを持ち寄っていることだ。いきなり「数万人呼びたい！」「大物アーティストを呼びたい！」「音楽シーンを騒がせたい！」など無茶な目標を立てずに、まずは自分たちの身の回りにあるもの・ことをフル活用して、次回も開催したくなる熱狂的な場をつくり上げることが重要だ。確認すべき要点をまとめておこう。

・場所のレンタル

野外イベントを開催するうえで、一番のネックとなるのが場所。ただ、今回紹介したイベントの特徴としては、地元の〝祭り〟を変化させて街の人々を納得させる枠組みや、もともとある〝祭り〟に付随することで開催を可能にしている。

まずは、音楽を楽しむことを近隣の住人に理解してもらい、安心してもらう必要がある。アナーキーなイベントでは長続きしない。いかに社会と接続していくかを最低限意識しなければならない。コンセプトがまとまり次第、開催する場所の交渉が始まる。土地の管理者が私有地なのか公共空間なのかで届け出をする場所が異なってくる。

・機材のセッティング

機材は音楽ジャンルによって異なってくる。どんなイベントでも必要なのは、音を大きくする音響機器である、アンプ、スピーカー、ミキサー、それらをつなぐケーブル、発電機など。それらに演者の機材を繋ぐことになる。最近の出演者は大きく分けて、ライヴかＤＪの2種類に分けられる場合が多い。ただこういった機材に関する準備は、ゼロから始めるよりはＰＡ業者に任せてしまった方が確実。プロの知り合いがいればベターだ。

イベントにはドリンクバーや出店もほしいところ。ホームパーティ規模なら問題ないが、部外者も参加するようになると食品衛生管理者がいる。アルコールを出す際にも届け出は必要だ。なので、この辺もプロに任せたい。

・トラブル対策

まず思い浮かぶのが、近隣からの苦情によるイベントの中止だ。客が大挙したり、音量が大きすぎたりすると、生活リズムを崩されるので怒る気持ちもわからなくはない。なので、イベントの数日前には住人への根回しが必要となる。ビラなどを持参して挨拶回りをしよう。住人は音楽専門家ではないので噛み砕いて説明することが大切だ。

参加者同士のケンカが起きる場合もある。すぐに警察に連れていかず、まずは当事者間で解決したい。警察が関わるとイベント自体が中止になる場合もあるので、穏便に済ませることが重要だ。また、参加者たちが「運営者以外に自分たちも一緒にイベントをつくっている」

という当事者意識があると、場を荒らす気持ちも減少するはずだ。無関心な参加者が増えることで場が荒れる。例えば、フジロックの参加者は「フジロッカー」と呼ばれ、運営者側は当事者意識の共有を促している。ただ、あまり強制しすぎるとシラケてしまうので、微妙なサジ加減がセンスの見せどころだ。

・マネタイズ

最後にお金の話。イベントの収益を上げる方法は、「入場チケットの販売」「TシャツやCDなどグッズの販売」「ドネーションを募る」「自治体への補助金の申請」などに大きく分けられる。いずれにしても、参加者が気持ちよく支払えるような値段設定にすることが大事。気軽に参加できるので、場の雰囲気がよくなるはずだ。

もちろん、お金に頼りすぎず、運営者の知恵と交友関係を使って、参加者と運営者が分け隔てなく公共空間で楽しめれば、普段お金を払っていくライヴハウスとは別の特別な体験をつくることができるだろう。

高岡謙太郎（たかおか・けんたろう）
オンラインや雑誌で音楽、アート、カルチャー関連の記事を執筆。共著に『Designing Tumblr』『ダブステップ・ディスクガイド』『ベース・ミュージック ディスクガイド』『第20回文化庁メディア芸術祭受賞作品集』など。

case

6

水辺に飲食空間をつくるには？

京都の川沿い、愛知・殿橋テラス

パーラーニューポートビーチ　©奇天烈写真館

榊原充大《さかきばらみつひろ》

水辺に飲食「空間」をつくることの難しさ

私は普段、建築や都市空間にまつわるリサーチプロジェクトＲＡＤのメンバーとして、京都を中心に建築や都市にまつわる調査、企画・編集・執筆活動などを行なっている。今回は、拠点のある京都の川沿いの風景に感じていることや、私がシティプロモーションなどに関わっている愛知県岡崎市のまちづくり事業「おとがわプロジェクト」の事例を通して、主に水辺で様々なプロジェクトやイベントを仕掛けるにはどういうハードルを超えればいいのかを考えてみたい。

京都に住み、ふと花見をしようと思うと、往々にして鴨川の水辺が舞台になる。季節ともなれば観光客でにぎわう三条や四条のみならず、高野川と分岐する通称鴨川デルタ界隈から北側はブルーシートを広げて飲食をするような人々が多くなり、ときにはカラオケがスタートしたり踊りがはじまったりもする。川岸が広いので通行する人のための空間をあけてもまだ余裕があり、くつろぎながら飲食ができる。緑豊かであるところを考えても、鴨川は都市生活者にとって居心地がいい空間だと言えるだろう。京都を南北に流れる鴨川は、京都で暮らす人々にとって日常にとけこむランドスケープとしての水辺を提供してくれる。

それゆえ、こうした水辺利用は花見のピークである春のみに限られない。夏になれば鴨川に向かって店舗から禊川《みそそぎがわ》の上にバルコニーのように突き出た「川床《ゆか》」が並ぶ風景を見たことのある人もいるだろう。ちなみに、同じ京都でもより北部にあたる貴船などのエリアであれば、川を覆うように床をかける「川床《かわどこ》」があらわれる。「かわどこ」のなかには、「ゆか」でなかなか味わえない、流しそうめんなどを楽しめる場所がある。どちらも京都の夏の風物詩だ。

京都鴨川納涼床協同組合によれば、江戸時代鴨川に設置された見物席が起源としてあるこの風景。当初は高床式ではなく、中洲や河原に出された床几《しょうぎ》だったそう。明治時代になって、7〜8月に川床を出すのが定着。その頃は鴨川の両岸に川床が出ていたようだ。組合のウェブサイト「納涼床の歴史」にはこうある。

「明治27年（1894）の鴨川運河開削や大正4年（1915）の京阪電車鴨東線の延伸などにより、左岸（東側）の床が姿を消し、大正時代には治水工事のため床机が禁止され、工事により禊川ができます。」

京都・鴨川沿いの川床（撮影：本間智希）

1923（大正12）年には、「鴨川河川敷一階占用並びに工作物施設の件」が通達され、納涼床の基準が定められるが、柱に鉄柱を用いたり、屋根を付けたりする店舗などが増え、風致上の支障をきたしたため、1929（昭和4）年には、河川敷に半永久的な高床式の納涼床を設置することに制限が課せられる。その後天災や戦争によって川床は被害を受けたり禁止されたりしたが、戦後には許可基準も整備され、現在の風景とつながっていく。

時代は飛んで2002年、政府の都市再生本部による「全国都市再生のための緊急措置」の中で「地域産業・観光などの経済活動・交流活動の振興や福祉をはじめとする生活サービスの充実などを空間整備と一体的に実施する取組み」が提言され、これを受けて2004年に、河川敷地占用許可準則が一部改正され、河川局長が指定した区域において民間事業者等が河川敷地を利用する社会実験を行なうことが特例措置として可能になった。この社会実験の位置づけで、2009年大阪・北浜に常設された「北浜テラス」をはじめとした納涼床が全国で設置された。

京都に話を戻すと、2007年、「府民共有の貴重な財産である鴨川について、その河川環境を安心・安全で、良好かつ快適なものとして、次の世代に引き継ぐこと」を目的として、「京都府鴨川条例」が制定されている。当条例第14条「知事は、鴨川納涼床（鴨川の右岸の二条大橋から五条大橋までの区間において、飲食を提供するために設置される高床形式の仮設の工作物をいう）に係る河川法に基づく許可の審査基準を、鴨川の良好な景観の形成に配慮して定めるものとする」という規定に基づき、河川法による許可工作物である鴨川納涼床が、京都の夏の風情を醸し出す歴史的・文化的な構造物として、将来にわたり鴨川の景観と調和したものとなるよう、構造、素材、色彩などに関する基準「鴨川納涼床審査基準」が定められた。そこでは主に以下の6つの基準が課せられている。

1　床の高さ

2　床の張り出し
3　床の造り及び色彩
4　床の「手すり」
5　「すじかい」「ぬき」「すだれ掛け」「よしず掛け」等
6　その他
などなど、詳細は省くがかなり細かい審査基準が定められているのがわかる。
鴨川条例によって川岸でのバーベキューが禁止されている川の「中」でバーベキューをした人たちがいる、というとんちのような噂も聞くが、こうしたゲリラ的なアクションに比べ、法律や条例の基準をクリアし合法的に水辺に飲食のための空間をつくるためには超えなければいけないハードルがいくつもある。

おとがわプロジェクト「殿橋テラス」の場合

一方、私が関わっている、愛知県岡崎市のおとがわプロジェクトでは、そんな水辺に飲食の空間を生み出す難易度の高い「殿橋テラス」という取り組みが実験的に行なわれている。

殿橋　©奇天烈写真館

背景から説明すると、殿橋テラスは２０１６年７月19日から９月４日まで、愛知県岡崎市に流れる乙川《おとがわ》河川空間を活用するための社会実験プログラム「おとがワ！ンダーランド」の一環として生まれた空間である。川床の例で見たように、禁止事項が多い河川空間において、個人の自由と責任で自身の「やってみたいこと」を実現し、公共空間の活用をより身近なものにしてもらうことがこのプログラムの初年度のねらいだ。殿橋テラスは、人通りや交通量の多く注目度の高い殿橋の下流側にあたる西南詰にかかる欄干に天板を設置し、飲食を提供するため河川側に単管足場で組まれた店舗である。

おとがわプロジェクトHP（2016年時点）

　この河川空間の活用を促す「かわまちづくり」は、同市が２０１５年から進める乙川リバーフロント地区まちづくりの取り組み、通称おとがわプロジェクトの一環として進められている。中心市街地の空洞化や高齢化に直面する元城下町・宿場町であり、かつて商業の中心であったこの地区が持つ多様な資源の活用が日常になることが目指されている。おとがわプロジェクトでは、公共投資による「大きなまちづくり」と民間投資による「小さなまちづくり」とを掛け合わせ、公共空間を豊かにしていくというヴィジョンを持っているのだが、そこに召集された専門家のひとりが、大阪で「水都大阪」などの取り組みを進める組織ハートビートプランの泉英明《いずみひであき》さん。北浜テラス

おとがワンダーランド2017チラシ

をはじめ、水辺活用の多様な実践を各地で展開してきた。

もともと河川管理は河川の規模に応じて国交省や都道府県、市町村の管轄になっている。国交省は河川という公共空間を活用するかわまちづくりを促す「ミズベリング」を進め、特区制度を利用し規制緩和を行なって民間事業者が河川で営業活動ができるようにした。殿橋テラスはその一例なのだが、欄干は道路施設となるため、河川占用許可の他に道路占用許可も取っている。橋の欄干の上に天板を置くといういわばゲリラ的な空間利用が合法的に行なわれたわけだが、一方でその実現にはかなりの時間と労力が費やされている。

殿橋テラスが実現するまで

泉さんの並走者として殿橋テラス実現をになった立役者のひとり、ＮＰＯ法人岡崎まち育

左：殿橋テラス設置箇所（提供：天野裕）　右上：店舗側床面設置風景　右下：完成風景（提供：天野裕）

てセンター・りたの天野裕《ゆたか》さんが、開催に至るまで、いかなる困難があったかを教えてくれたので紹介したい。

　そもそもまず「なぜ殿橋が選ばれたのか」。理由は、乙川が見えることはもちろん、交通量が多く、また岡崎城も彼方に見ることができるためだったと天野さんは言う。川辺は地上から認識されづらいが、関係者間で周辺の人へ「見せること」の重要さが意識されたことから交通量も重視されている。景観的要素と集客ポテンシャルに加え、制度的にどこに設置可能かが検討された末に割り出された場所だった。

　言うまでもなく河川は増水などの水害の危機にさらされており、水辺には様々な制約がある。そのなかでも最も忌避されているのは、設置物によって河積（川の横断面における水の占める面積）が減らされること。それがオーバーフローの原因になるためだ。そしてこうした河積阻害を最も起こしているのは、実際のところ橋だそうだ。とりわけ橋脚。現在の橋梁設計の潮流としてはなるべく橋脚の数を減らし、河積阻害を可能な限り減らすようにされている。しかし殿橋は1927年につくられたもので、Wikipediaでも「多柱形式の橋脚が連なる下部構造」とある通り、橋脚の数が多い。

殿橋テラスももちろん河川区域に入るが、「もともと河積阻害を起こしている橋に一体化する（から設置にも影響ないはずだ）」という設置のための論理をもって挑んだ。下流側に置かれた理由もその延長上にある。

「テーブル化した欄干の裏側にある河川区域にせり出した仮設店舗についても、常設前提で進めていました。増水した時に構造物にどう水圧がかかるか、足場を使った実現方法で構造的にも問題ないかを専門家に依頼して事前に検証し、河積阻害に関しても殿橋テラスが置かれることでは水流にほとんど影響がないことが計算できたんですよね。でも、そもそも河川区域に物を置き続けることを前提とした社会実験が認められるかが河川管理者との争点とな

パーラーニューポートビーチ　©奇天烈写真館

りました」（天野さん）

要するに、「もともと河積阻害を起こしている橋に一体化する（から設置にも影響ないはずだ）」という前提自体が認められなかった。そこで「増水時には然るべきガイドラインに基づいて設置物を撤去する」という方針に変えることで許可を得ることができた。「リスクがあることは間違いがないので……」と天野さんは語る。

撤去時間の問題

ただ、こうした方針転換をしただけでは許可は降りなかった。

「次にどの時点で撤去するかが問題となり

ました。前提としては、乙川の河川敷に水が上がる前に全部撤去しよう、ということになりました。ただ、その水位を見るための水位計が殿橋の周辺にはなくて、判断するのは5・5キロ上流の大平水位観測所というところ。そこは川幅が狭くて、上がり下がりも激しく、幅の広い乙川とは全然違います」(天野さん)

そしてその大平観測所の地点から殿橋まで水が到達するのに1時間という理論値が出された。

「まずテラスの上の冷蔵庫や什器を除いて、デッキをバラして撤去し、その後足場も全部バラして撤去して、という作業を1時間でやらなければならない。コストもすごくかかります」(天野さん)

具体的な撤去時間設定は「営業用積載物」の撤去に14分、デッキ撤去に16分、そして足場撤去に30分。殿橋テラス設置に際して、河川管理者である愛知県から「1回は撤去の練習をしなさい」との通達が出されたそう。ところが、当初7月中のオープンを見越していたものの、一向に許可は下りず。遅くとも、イベントが集中するコア期間の8月21日には間に合わ

左：撤去作業（平成29年度）　右：復旧作業（平成28年度）

せたい、というスケジュールの中、営業開始前に撤去の練習をしろというのは現実的に困難だった。

結果的に営業をスタートできたのが、おとがワ！ンダーランド会期最後の1週間前にあたる8月27日だった。最終日の前日には、希少な水辺空間と道路施設の活用方法に対して国交省からの視察者も好感を持ったそうで、他の場所でも展開を期待する旨の発言があったようだ。ところが……。

「11月まで殿橋テラスの設置許可を得られ、いよいよ撤去の練習をやっておかないと大変だから、と撤去の練習の日を決めて業者さんに段取りをつけて、いざやろうとした時に大雨が降ったんです。撤去の練習どころか、本当に撤去しないといけない状況になり……すごいタイミングでした」（天野さん）

9月4日に終わったおとがワ！ンダーランド。その4日後に当たる9月8日に台風13号の接近によって、営業用積載物の撤去が行なわれたのだった。

心配続きの運営中

こうした奇跡的なタイミングで一度目の撤去をクリアした殿橋テラスだが、9月8日の撤去の他、11月6日までの営業期間中に2回の完全撤去を行なっている。一度目は台風16号の上陸に伴い、9月19日に。そして二度目は台風18号の接近により10月4日に行なわれた。

「強い雨が降る時は、撤去しなければならない水位を超えないかどうか、国道交通省の『川の防災情報』というウェブサイトで確認できる水位計を眺めながら仕事をしていましたね」（天野さん）

これは当然のことながら机上だけの話ではない。撤去を具体的に行なう人たちをどうするか、という問題も含んでいる。具体的な数字を挙げると、１回の撤去と復旧に約40万円というコストがかかる。少なくない金額である。

「撤去してくれる業者さんを手配しておかないといけないのはもちろんなのですが、『いつお願いするか』という段取りを考える必要があります。雨が降っている中作業するのは危ないわけですし。実際職人さんを出す業者さん側からすると、安全性はどうしても確保したいと思いますよね」（天野さん）

さらなる課題は、大きなコストを払って撤去をしたとしても、営業再開が許される水位も決まっている、ということ。

例えば、先に触れた完全撤去の２回目は10月４日の撤去で10月６日までの３日間の休業だったのだが、１回目の撤去９月19日から休業は同月29日までの11日間。９月24〜25日は仮設営でしのいだが、一定値まで水位が下がらず営業再開できないまま過ごさざるを得なかった。「２０１７年はだいぶ緩和してくれたように思う」と天野さんは語るが、まだまだ難しさはある。実際、営業にかかる機会損失は膨大だ。例えば10日間も休業しなければならないとするとその見込み売り上げは数十万にも及ぶ。

もちろん安全性は大事だが、それが極端になりすぎると民間事業者の挑戦の芽自体をつみとってしまう。

実際に数値を測ってみると、先にも触れた水位観測地点と現地とのズレによる理論値の開きがあった。殿橋付近の水位上昇の予測値と実測値のギャップは、ガイドライン見直しへとつながっていく。

くぐり抜けた規制

一級河川である矢作川水系にあって最大の支流である乙川を管轄するのは県。そして道路施設を管轄するのも同じく県。なのだが、いわゆる縦割り行政の影響により、道路は道路、川は川、とまったく別のところが管轄をしているそう。橋の欄干は基本的に道路設備となるため、そのために道路占用許可が必要。当然河川区域内でも店舗用のデッキやそれを支える足場を組み上げているため、河川占用許可も必要になる。

のみならず、「警察協議」なる手続きをふまなければならない。通行人のさまたげがないかを検討しなければならないのだ。

これらの許可の他に、飲食店を営業するにあたって保健所の営業許可も必要となる。一般的な店舗と同じ設備や環境を揃えることは困難であるため、「臨時営業許可」なる制度を利用し、できる範囲で営業する、という方針をとった。「営業許可」の場合は給排水インフラが必須だが、「臨時営業許可」の場合は、期限付を条件に、給排水は仮説でも可。その分提供可能な品目が決まっており、例えば「白米をよそって提供すること」は不可となっている。給排水システムのあるなしによっても品目は変わるため、ポリタンクなどを使って水を出し、下で排水を受けるというような仕組みをつくった。

こうした規制への対応の中で最も大変だったのはどんなところなのだろうか。天野さんに聞いてみると……。

「河川管理者である県にとって初めての試みである分、慎重を期していたのだと思うんですが、やりとりがとても大変でしたね。国はむしろ『今までのやり方が間違っていた』という強い自己反省があるように感じます。愛着の持たれないものをつくってしまった、という反省。これからはちゃんと使われる川にしたい、ということをミズベリングのプロジェクトでは言っているわけです。ですが、県の方は河川管理者として治水を重く見る。リスクがあるのは確かなのですが……」（天野さん）

県が管理する河川で特区制度を活用したのは乙川が初めてだそう。本当は規制緩和のための特区なのだが、実際に緩和に至るまでには数々のハードルが存在した。前例や判断基準がなく、手続きは難航する中で天野さんらは粘り強く実現までこぎつけた。

市、NPO、専門家、事業者の連携

「初めての試みで調整事項も多く、市もさすがに難色を示すかと思ったのですが、粘り強く付き合ってくれました。泉さんという専門家が後ろ盾についてくれていたことも大きかったです」と天野さんは語るが、こうしたインパクトある実践を支えたのは、市や専門家、そして地域NPOのみではない。事業者としてこの店舗「パーラーニューポートビーチ」を運営した、カフェ「California Parlor - Quiet Village」オーナー川浦素詳《かわうらもとよし》さんの貢献も欠かせない。

「California Parlor - Quiet Village」オーナー川浦素詳氏　©奇天烈写真館

川浦さんは岡崎市で約10年来、カフェをはじめ様々なスペースを立ち上げてきた。大雨や台風の際は逐次撤去する必要があることは先にも触れたが、実際に二度ほど全撤去が敢行された際、天野さんとともに動いたのも川浦さんだった。パイオニア精神を持つ事業者との出会いは、殿橋テラス実現にとって極めて重要な要素だったと言えるだろう。

最終的に運用期間は8月27日から11月6日までの約2か月半。平日は16時から21時まで、土日祝日は13時から21時までという限られた時間、雨天時には営業中止、台風などで水位が上がりそうな日には設置物の完全撤去を行なわなければならないという営業的に厳しい条件はあったものの、売り上げは好調だったそう。

「現行の営業条件だと厳しいだろうけど、そこさえクリアされれば民間事業者にとっても魅力的に感じる数字だと思う」(川浦さん)

こうしたゲリラ的空間が善意のみで成り立つのではなく、営利活動によっても維持できるということの意義は少なくないだろう。

変更点と今後

2016年中には叶わなかったものの、2016年の実績をふまえて、2017年は撤去タイムラインが大幅に見直された。そして常設を目指した動きも進められている。ハイウォーターレベル(洪水防御に関する計画の基本となる洪水量「基本高水流量」からダムや遊水池など各種洪水調節施設での洪水調節量を差し引いた流量である「計画高水流量」を安全に流すことのできる水位)にプラス1mより上なら問題ない、という基準があるため、2017年はこの基準を満たす店舗設置方式が試みられた。

そのため面積は減ってはいるが、一歩前進。しかし天野さんは複雑な心境を語る。

「今年こそ常設で撤去なしでいけるよう頑張っていたんですが、『撤去ありき』の条件を変えるには至りませんでした。事業者に負担をかけてしまうので、申し訳なかったですね。そして結局撤去することになりました。撤去する条件は、前と比べてだいぶ緩和されたのですが……」（天野さん）

夜の様子、奥に岡崎城が見える（筆者撮影）

こうした困難な状況ではあるが、並行して、殿橋に水位計をつける、という変化が起きた。かつては台風の時に実際に測ってはいたものの、理論上の数値で撤去の要不要を判断されるのではなく、より正確に水位を測るための設備が整えられつつある。こうしたひとつひとつの動きが、これから殿橋での飲食空間をより充実させることにつながっていくはずだ。

この社会実験の先に見えてくるのは、橋台部分のハイウォーターレベルより上に店舗を設置する、ということの汎用性の高さだ。「他の地域でもぜひ実施してもらいたいですね」と天野さんは語る。

各地で起こる公民連携による公共空間活用

水辺を舞台にした飲食空間は他の地域でも生み出されている。例えば東京では、都が提唱する「隅田川ルネサンス」の一環で、学識経験者、地元団体代表、地域住民、行政（東京都、台東区）がつくる「隅田公園オープンカフェ協議会」の公募によって選ばれたタリーズコーヒーなどが、隅田川沿いに出店を果たし東京の河川敷地で初めて「水辺カフェ」が２０１３年に実現している。

「水辺の賑わい気運をさらに醸成するため、都の管理河川では初めて、改正された『河川敷地占用許可準則』を適用し、台東区が主催する隅田公園オープンカフェ協議会の合意に基づき、都市・地域再生等利用区域を指定します。これにより、この区域で、占用許可を受けた民間事業者などによるオープンカフェの設置が可能となります」（東京都ウェブサイトより）

協議会が占用主体を選定し、占用主体である事業者は河川管理者である東京都に許可申請と占用費を支払い、東京都は占用許可をを行なう、という構図だ。もちろん先のような「都市・地域の再生」をテーマとした取り組みであるため、一般的な商業活動とは異なる。地域との協議を繰り返し、また店舗周辺のみならず地域と連携して周辺一帯のゴミ拾いを月に一度行うなど、地域と連携した姿勢が必要とされる。

行政による動きをきっかけとするかたちではなく、地域の事業者同士が発起人となって起こった水辺の飲食空間もある。それが、2008年に中之島に生まれた北浜テラスだ。

中之島公園や中央公会堂といった素晴らしい資産を川越しに持ちながらも、川に背を向ける建物や、街と川を分断する防潮堤によってその環境を充分に活かし切れていない……そんな課題を持っていたビルオーナーやテナントとNPOが出会い、北浜テラス実行委員会を組織。河川管理者や、中之島公園がメイン会場となる予定だった水都大阪2009の実行委員会事務局などの関係者と協働し、2008年に1か月間の社会実験を行なった。2000名以上の人々が訪れたそうだ。

2009年には二度目の社会実験を行ない、「北浜水辺協議会」が発足。民間の任意団体としては全国で初めて河川敷の包括的占用者の許可を得て、常設化を実現させた。現在でも老若男女が多くつめかける人気スポットとなっている。

2000年代中頃からの水辺利用の規制緩和を受け、各地で水辺の利用が進んでいる。当然のことながら違法適法は不変のものではなく、必要に応じて変わっていく。様々な規制や課題のなかで、実行までこぎつける原動力となるのは、北浜テラスのような発起人の強い決意、隅田公園における水辺カフェのような事業者と地域との密な連携、殿橋テラスのような、不断の実践と修正の繰り返しだろう。

榊原充大（さかきばら・みつひろ）
建築家／リサーチャー。1984年愛知県生まれ。2007年神戸大学文学部人文学科芸術学専修卒業。建築や都市に関する調査・取材・執筆、提案などを行なう。2008年建築リサーチ組織RADを共同で開始。2016年から「おとがわプロジェクト」プロモーションディレクター。京都建築大学校非常勤講師。

case

7

香港の路上実践

アートセンター、路上バー、ゲリラガーデニング

江上賢一郎《えがみけんいちろう》

香港の都市風景（撮影：江上賢一郎）

日本と海外では路上実践にどのような違いがあるのだろうか。私はこれまでアートや社会運動と自律的な公共空間の関係についてアジアを中心にリサーチを行なってきた。アジア圏の公共圏をめぐる諸実践には、デモやスクワット（座り込み）というかたちで再開発や追い出しに直接的に対抗する運動から、アート・プロジェクトというかたちで地域と協働する試み、そしてギャラリー、ライヴハウス、農園、バーなどの自主管理空間の運営まで、様々な種類の実践が存在している。今回、「路上の実践」というテーマで、私が香港で直接出会った3つの異なる実践の例を紹介していきたいと思う。

香港の総面積は1104平方メートル、人口は約734万人。東京都の約半分くらいの広さだが居住地域は陸地総面積の25％ほどで、都市部の人口密度は世界の上位3位に入る。地価、不動産価格も世界トップレベルで、ワンルームほどの広さの路面店の家賃が月30万円を超えることも珍しくない。香港は自由市場的な土地政策を採っており、不動産事業に対する政府の規制はほとんど存在していない。土地、建物、部屋の価格はそれらを所有する地主、大家の裁量に一任され、契約更新のたびに地価や家賃は上昇する。さらに近年は中国本土からの不動産投資が増加し、香港の不動産価格は年々右肩上がりだ。それにも関わらず香港の最低賃金は34・5香港ドル（日本円にしておよそ500円）、平均労働時間は週50時間にのぼる。世界一高い不動産価格と低賃金での長時間労働。この極端な不均衡の結果として、慢性的な住宅不足、劣悪な住環境、大規模再開発や家賃高騰での立ち退きなど、土地と住まいの問題は香港社会の構造的問題として人々の暮らしに大きな影を落としている。

香港下町のアートセンター：「活化廳（ウーファーテン）」（2009-2015）

香港は大きくふたつのエリアに分類できる。島側の香港島エリア、そして大陸側の九龍だ。香港島は1841年にイギリスに占領されて以来、植民交易都市として発展してきた。高層ビルが立ち並ぶ大陸側の九龍は19世紀末まで小村の点在する農村地帯であり、20世紀以降、特に国共内戦期には多くの労働者、農民たちが中国本土から移り住んできた。

その九龍側にある油麻地（Yau Ma Tei）は、昔の香港映画のワンシーンそのままの姿が残っているような下町だ。「唐楼」と呼ばれる50年代〜60年代に建てられたエレベーター無しの低層ペンシルビルが並び、その外壁からはレトロなネオン看板が無数に突き出ており、夜になると街は艶やかな色彩で埋め尽くされる。

油麻地では果物屋、金物屋、養老院、売春宿など、ありとあらゆる商売が混在している。街路に面した店では、野菜、季節の薬草やカファイヤやカラマンシーなど、東南アジアの柑橘類や果実などの生鮮食品、春節のための春联《しゅんれん》（紙製の飾りやおもちゃ）の束や調理器具、建設工事の工具から資材が並び、さらにその隣には香港式麺屋やパン屋、港式喫茶店が隣り合っている。夕方には路上に並ぶ屋台で野菜や肉を売るかけ声が響き、大勢の人々が食材を買い求めて賑わい、深夜から明け方にかけては、入れ墨をした裸の男たちが中国や海外から輸入されてきた果物のダンボールを台車に積み上げて、せわしなく行き交っている。

アートセンター、路上バー、ゲリラガーデニング

油麻地(撮影:江上賢一郎)

このエリアの一角にかつて「ウーファーテン(活化廳/Woofer Ten)」という名前のアートスペースがあった。場所は古い唐楼ビルの1階角地、ガラスドアには壁新聞や告知文があちらこちらに貼られていて、中に入ると本棚からあふれんばかりに古本が積まれ、テーブルの上には食器やおもちゃが並んでいた。アートスペースというより古道具屋といった趣だ。そこでは、地元のおばあちゃんやおじいちゃんたちがお茶を飲みつつ新聞を読んだり、子どもが床で絵を描いたり、まるで路上がそのまま室内に入り込んで来たかのような光景が広がっていた。

この場所は、もともとは香港芸術発展局(HongKong Arts Development Council)から貸与さ

ウーファーテン外観（撮影：江上賢一郎）

れ、2004年から油麻地のコミュニティ活性化という名目でいくつかのアートグループやアートスペースが委託運営していたが、いずれもいわゆるホワイトキューブ的なギャラリーだった。2009年にウーファーテンがこの場所の運営を引き受け、アーティストのリー・チュン・フォン（Lee Chung Fong）やウェンジー・フォン（Vangi Fong）ら当時の若手のメンバーたちが、「アートはどのように日常生活、社会や政治と接続可能で、かつ地域コミュニティの活性化に寄与できるか」というテーマを掲げこの場所での活動を開始した。彼ら／彼女らは、ホワイトキューブの中ではなく、路上や地域に自ら出向きそこで暮らす人たちに積極的に関わっていく社会参与型のアート・プロジェクト、コミュニティ新聞、ワークショップを手がけるようになっていった。

例えば、彼らのプロジェクトのひとつに「多多奬・小小賞（Few few prize, Many many praise）」がある。油麻地で営まれている仕事（鍛冶屋、生地問屋、木工所、青果市場など）をテーマにしたトロフィーをデザインし、それをそれぞれの店主たちに贈答するプロジェクトだ。アートを媒介にして、普段意識されることの少ないコミュニティ内の暮らしや労働の価値を可視化していくことが意図されている。

また、ウーファーテンは2009年から「アーティスト・アクティビスト・イン・レジデンス」という名のプログラムを3年間継続していた。社会的な問題に関心を持つアーティスト／アクティビストを招聘し、油麻地に滞在してもらいながら地域との関わりを持つ作品や活動を製作してもらうというものだ。

例えば、レジデンス滞在アーティストのヒム・ロー（Him Lo）は、油麻地の路上で運動会を企画した。彼は路上のスポーツを考案し、「遊び」を介して地域の人々と共に公共空間、そしてそのあり方を捉え直そうと試みた。例えば、高速道路下の敷地で行なわれた陣取りゲー

ウーファーテンの路上プロジェクト「モバイル・バー」(撮影：江上賢一郎)

ムでは、もともと高架下に住んでいたホームレスを追い出した後、彼らがテントを張れないよう設置された丸いコンクリートブロックをゲームの陣地に見立て、参加者がそのブロックの上を歩いて陣地を拡大していくゲームを考案した。また、上海街で開かれた路上ゴルフ大会では、参加者が街の様々な場所をゴルフコースに見立て、街の中の隠れた空間を一緒に見つけ出していくというものだった。果物市場で使われている空箱を使った運搬競争は、普段果物市場で働く人たちの労働をゲームとして追体験することを意図しており、参加者はゲームを介して道路、公園、高架下などの公共空間の新しい見立てや、コミュニティ内の他の人たちの暮らしや仕事のイメージを共有

ウーファーテン・メンバーと地域の人々(撮影:江上賢一郎)

していく。公共空間を主体的に使いこなすことを通じて、パブリックやコミュニティについての新たなイメージや振る舞いを集団的につくりだしていった。

日本からは代々木公園にテントを張って生活を続けているアーティスト/アクティビストのいちむらみさこ氏がレジデンスで滞在し、油麻地の公園や路上のベンチで横になり眠るというパフォーマンスを行なったり、東京で実施している炊き出しを香港の公園で再現するアクションを行なった。他にも韓国のアーティストKim Ganによる、空き地を占拠(スクウォット)する技術を共有するワークショップが開かれるなど、再開発の問題をアートの手法で取り上げる東アジアのアーティストたちとの交流も積極的に行なっていた。

香港芸術発展局からの委託運営という形態だったこともあり、香港の家賃問題に悩まされずに活動を続けていたウーファーテンだが、２０１４年には助成金が打ち切られ当局から立ち退きを要求された。それに対して、彼らはスペースを文字通り無許可で「占拠（オキュパイ）」し、補助金打ち切りの撤回の申請とアートスペースとしての活動を並行して続けていたが、結果的には占拠を開始した１年後の２０１５年の秋に立ち退きを決め、スペースを閉じることになってしまった。

高速道路の下のオアシス：マンゴー・キングとゲリラ・ガーデニング

「油麻地の裏側には、マンゴーが生い茂る巨大な庭園があるんだよ」そんな童話じみた話を教えてくれたのは、香港の友人マイケル・レオン（Michael Leng）だった。

マイケルはロンドン生まれの中華系イギリス人だ。20代半ばまでロンドンで過ごし、携帯電話会社のデザイン部門で働いていた彼は、２００９年に仕事を辞め両親の故郷である香港

マイケル・レオン(右)(撮影:江上賢一郎)

に移住した。今は大学の非常勤で教鞭をとりつつ、デザインの手法を用いて都市農園、コミュニティプロジェクト、アートを組み合わせたプロジェクト、社会的関与的なアート・アクティビズムの実践を続けてきた。

マイケルがこの庭園の存在を知ったきっかけは、2013年にウーファアーテンのアーティスト・アクティビスト・イン・レジデンスで出会ったひとりのホームレスの男性だった。詳しい生い立ちは不明だが、中国本土から渡ってきた元農夫であり、普段は金属の廃品回収でわずかな生計を立てていたという。彼が油麻地の高速道路の高架下に広がる空き地で様々な植物や野菜、果物を育て始めているという話は少し前から噂になっていた。その広さは700スクエアフィート（約65平方メートル）にも及び、マンゴー、パパイヤなどの果物から、赤唐辛子、ハーブなどが植えられており、マンゴーが好きなことから、マイケルたちは彼のことをマンゴー・キング（Mango King）と呼んでいた。

マイケルとマンゴー・キングの交流は、無償の交換というかたちで始まった。当時、HK Farmという都市農園プロジェクトを展開していたマイケルは自分の種やマンゴー・キングの好物のマンゴー（その頃はマンゴーの木は育てていなかった）を無償で提供し、そのお礼にマンゴー・キングはマイケルに自分のつくった農作物をあげ、農業の技術、薬草の知識を教えていたという。

「それはある種の贈与交換のようなかたちで始まったんだ。僕は自分の持っているものを彼に与え、彼はそのお返しに自分の知識と経験を与えてくれた。そうしているうちに個人間の贈与の連鎖が少しずつコミュニティへと広がっていくようになったんだ。彼の作物が、油麻地にある友人たちが運営するコレクティブ・カフェ『So Broing』の食材として使われたり、コミュニティの人々が購入したりするようになっていったりね。お金を媒介にして交換が生まれることに最初は戸惑ったけれど、彼だって庭や畑を維持し、生計を立てるためにはお金も必要だ。彼は聖者ではなくて、プロのアーバン・ファーマーなんだから」

マンゴー・キングの秘密の庭にたどり着くためには、少し特殊な街歩きの技術が必要になる。まず、油麻地の西側に出て、猛スピードで横切る自動車を横目に、空港へ通じる自動車専用道路の側溝に沿って歩いていく。そうすると丸い穴のあいたフェンスが見えてくるので、その穴を潜り、雑草の生えた空き地をすり抜けていく。すると高速道路の灰色の丸い柱が並ぶ小さなコンクリートの谷間に出る。見上げると高速道路の橋桁が空中で扇のようなカーブを描き、そのカーブとカーブの真下に三角形の緑に覆われた空間が現れる。それがマンゴー・キングの秘密の庭だった。

高架のコンクリート柱の周囲から青いビニールシートが伸びていたが、それはマンゴー・キングのテントだった。手前には炊飯器、食器が乗った低いテーブルと折りたたみ式のビーチチェア。テントを横切ると青い帽子をかぶった背の小さな初老の男性が、ジョウロで発砲スチロールの中の苗木に水をあげていた。マイケルが挨拶すると、「やぁ」と二言三言返事をしてまた淡々と水やりを始めた。フェンスの向こうにはサツマイモが植えられ、その隣にはマンゴーの木、パイナップル。家側の斜面に並べられた鉢植えには赤い唐辛子やハーブ類が植えられている。水道が通っていないので近くのショッピングモールの水道から空のプラスチックボトルに水を貯めて運んでいるという。車から見たら一見雑草の生い茂る無人の地（No Man's Land）にしか見えないだろう。しかし、このアスファルトとコンクリートに囲まれ、人が寄り付かない土地の一角に、実は豊かな植生と果実、植物が茂る緑の庭園が存在していたのだ。

しかし、２０１６年に香港の行政は彼の庭を「不法占拠」であるとして撤去を求め、彼の育てた庭園をフェンスで囲ってしまった。これは彼が植物に水やりをできないようにさせるための措置だった。そしてその数か月後、マンゴー・キングは突然その姿を消した。マイケルも彼を手伝っていた人たちも、彼が一体どこに行ってしまったのかはわからなかった。ただ、この大都会の中の秘密の庭は世話をする主人を失い、再び荒地へと静かに還りつつあった。もちろん高速道路の高架下は香港政府の土地であり、その場所を個人が勝手に占拠して庭園に変えてしまうことは「違法な」行為だ。ただ、埋め立てによって突然生まれたこの人工の土地は20年間見捨てられ、放置されていた無人の土地だった。マンゴー・キングは初めてこの土地に入り込み、種を植え、植物を育て、野菜やハーブ、果物を自給し、それを地域の人たちに届けたのだ。香港の食料自給率は1990年代初頭までは約30パーセントだったが、現在では2〜3パーセントまで減少している。自分で食べ物をつくることは、果たしてまったく価値のない行為なのだろうか？　マンゴー・キングがいなくなったあと、マイケルは「Mango King's Farm Map」という地図を作成した。それはマンゴー・キングとの関わりの中で生まれた彼と油麻地のコミュニティとの植物をめぐる自給と交換、ネットワーキングの記録だ。打ち捨てられた土地を緑の庭園に変えていった彼の行為は、植物を育て、食べ物を収穫し、種を集め、次の年に播いて育てていくという自然のサイクルを都市の中で取り戻し、繋がりを結び直していくためのインフォーマルな都市計画だったのだ。

路上を複数の場へ変換すること：「街坊排檔（カイフォン・パイドン）」プロジェクト

ウーファーテンのギャラリー、マンゴー・キングの庭園を経て、マイケルとその仲間たちは現在油麻地で新しい公共空間の実践を試みている。その舞台は路上の屋台だ。かれらは2015年に「カイフォン・パイドン（街坊排檔／Kai Fong Pai Dong）」というプロジェクトを始めた。カイフォンはコミュニティ、パイドンは屋台を意味し、直訳すれば「コミュニティ屋台」という意味だ。

マイケルによるマンゴー・キングの庭のドローイング

油麻地のハミルトン通りとカントン通りが交わるエリアでは、昼から夕方にかけて、路上に緑色の屋台が一直線に並ぶ光景を目にする。高さ２・５メートル、幅２メートル、奥行きが１メートルの緑色の四角い金属製の屋台が一定の距離で並んでいるのだ。一見大きなタンスのような固定式のこの屋台は、営業の際には扉が開き、内側から商売の道具や棚を取り出し、商品を並べていくつくりになっている。現在、香港に残っている屋台は設置式のもので約５５００軒ほどだが、年々その数は少なくなっている。もともと香港では多くの行商人たちが街路を転々として商売を営んでいたが、行政は１９７０年代に入ると行商人たちを定着させ、管理するために屋台を設置し、屋台で

カイフォン・パイドンのイラスト（アーティスト：Flying Pig）

の営業を免許制にして割り当てるようになった。こうしてあちこち移動しながら商いをしていた行商人たちは固定した場所で商売を営む露天商となっていった。それ以来、これら露天商たちの屋台街は下町の台所として、スーパーマーケットに比べても安くて新鮮な生鮮食品を香港の人々に供給し続けてきた。

アメリカの都市研究者ウィリアム・ホワイト（William Whyte）は、このような露天商（hawker）たちを「好ましい都市空間を生み出す先駆者たち」と呼んでいる。そこで重要視されていたのは、都市空間に様々なアクティビティを引き起こすための最初のきっかけとして食べ物を扱う屋台が果たしてきた役割だ。これらの屋台は人々を通りに引き込むための最初のきっかけを提供し、そぞろ歩きや立ち話、買い食いや休憩など、ただ歩くだけではない様々なアクションを誘発する。現在はヨーロッパや北米の都市中心部で、屋台や露店が、都市空間に多様性や賑わいを取り戻す重要なプレイヤーとして再評価されている。しかし、香港の行政は、このような露天商たちの役割に対して無自覚なまま屋台や路上での飲食業、露店、さらには路上での文化的な活動（ストリートパフォーマンスや路上演奏）までも取締りの対象にしている。香港の場合、屋台のオーナーが亡くなり誰も後を引き継がない場合、その屋台は封鎖され、最終的には撤去されることになる。また、近年では行政が率先的に屋台のオーナーから屋台営業権を買い戻し（2013年以降およそ500軒の屋台がライセンスの買い戻しによって消えていった）、路上での商売そのものを減らしていく政策を続けている。

マイケルは2015年にこの通りにある屋台の営業権を以前の店主から格安（月3万円程度）で借り受け、イラストレーターのFrying Pigやバナナ農家の友人らと3人でこのプロジェクトをスタートさせた。彼はマンゴー・キングのつくった野菜を販売するための場所探しを始めようと考えていくうちに、屋台の存在に注目するようになっていったという。

「調べていくと、屋台の賃料が普通の店舗と比べてとても安いことに気がついてすごく驚いたんだ。だって、香港の家賃は、どんなに小さい路面店でも月20万円はする。でも屋台であれば同じように人通りのある通りに店を構えて、すぐに商売できる。いつも家賃問題に頭を悩ませている香港人にとって、これはすごいことだと思ったよ。最初は、マンゴー・キングのつくった野菜や果物を売ることで彼の生計を得る手段をつくろうと考えていたんだ。でも、もともとここは野菜や果物の露店が並ぶ屋台街だ。この地域で商売を営んできた人たちの屋台があるのに、同じような商売で割り込んで結果的に競合してしまうことに対して違和感を覚えたんだ。そこで、この屋台を使ってこの地域で一体何ができるんだろうか、と発想を逆転させてみたんだ」

もともと油麻地は、金物屋、果物市場、小さな工場、生鮮食品の露店街、養護施設、そして売春街まで多様な職業、コミュニティが混在する地域だ。しかし、これまでそれらの異なるコミュニティの人たちが集まったり、顔を合わせたりする場所は存在していなかった。そこで、マイケルたちはこの屋台で商売する代わりに、異なるコミュニティの人々が集まることができる「プラットフォーム」として屋台を運営していこうと決めた。屋台の一時性や簡易さは、香港で文化的にコミュニティと関わる「場所」をつくろうとする人間にとっては、契約上の敷居が低く、家賃問題のリスクが少ない。また、香港の亜熱帯気候では1年を通じて屋外での活動ができる。そういった意味では、2015年に閉じたウーファアーテンに代わ

油麻地の屋台（写真：江上賢一郎）

る油麻地に根ざした文化／コミュニティの場としても好都合だった。

カイフォン・パイドンの緑色の屋台は、近所の人たちが持ってきた植木に囲まれている。屋台を開いている時は、折りたたみ式のテーブルとプラスチック製の椅子が屋台の周囲を囲むように置かれ、その上には様々なモノが並んでいる。メンバーが自家栽培しているバナナ、自家製のジャム、再利用の素材でつくる手芸工品、果物の種。屋根からは、ゴミ捨て場で拾ったミラーボールやカラフルな手鏡が吊り下げられ、折りたたみテーブルには炊飯器、路面には椅子と電気ヒーター。その姿はコンクリートジャングルの中の小さなオアシスのようだ。

カイフォン・パイドン外観（KAI FON PAI DONG ウェブサイトより）

スタート時には3人だったメンバーは現在14人にまで増えた。アーティスト、デザイナー、美容師、バリスタ、農家、教師、ソーシャル・ワーカーまで様々な職種の人たちがボランティアとしてこの場所の運営に関わっている。家賃はこれまでのところみんながそれぞれのポケットマネーを出し合って負担し、運営はできるだけヒエラルキーを生まない方法を試行錯誤しながら試みている。例えば、屋台の鍵は誰か特定のメンバーが管理するのではなく、近所のクリーニング屋の壁に掛けられている。クリーニング屋は早朝から深夜まで毎日営業しているので、屋台をオープンさせたいメンバーはクリーニング店の店主に挨拶して鍵を受け取る。これも平等な共同運営のための仕組みのひとつだと言える。

現在屋台で行なわれている活動は様々だ。自分たちで育てたバナナや植物の種の販売から、油麻地の人たちの似顔絵ワークショップ、手芸教室からジャムづくりのワークショップ。また、不定期に行なわれる夜間の映画上映会や、毎月一度開かれる、地域の歴史について老人たちから話を聞く集まりでは、道路に椅子が並べられ即席の夜間学校のようだ。このように屋台の機能や役割は、メンバーそれぞれの関わり方や活動内容によって柔軟に変化していく。

1年を過ぎる頃には、近所の人々との関わりや援助も生まれてきた。屋台の植木鉢への水やりは、クリーニング屋の水道を使わせてもらっている。近所のハーブ茶店の主人は、屋台のある通りの標識の上にハーブ類の鉢を置いて小さな空中庭園をつくり出していた。近所のおじいさんやおばあさんたちが、買い物や散歩がてらの休憩場として使い、子どもたちが学校帰りに興味半分に遊びに来たりする。そのうち、屋台に、植木や使わなくなった布、材料、道具を勝手に置いていく人まで現れるようになった。使い古したコメ袋を再利用したバッグ、店じまいした布屋の切れ地、屋根には地域の人から分けてもらったカボチャやハーブの苗木、などなど。そのようにして、コミュニティ内の不要なモノが集まってくるようになり、屋台

カイフォン・パイドンでの集まり(「KAI FON PAI DONG」ウェブサイトより)

はリサイクル交換所として機能するようになっていった。そしてそれらを人々は「自由定価(自分で自由に値段を決めて支払う仕組み)」でもらって帰る。市場の中にあえてお金を介さず、特定の活動に焦点を絞らない「空き地」のような場所をつくる。そうすることで貨幣経済の回路を介さないモノ、人、情報がそこに集まり、それらを交換したり共有したりする回路が生まれてきた。資本主義の社会システムではすくい取ることができない人々のニーズや欲求が、この屋台を媒介にして路上に姿を現し始めたのだ。

2016年秋、屋台がオープンしたちょうど1周年を迎えた日の夜。屋台の周りには様々な人たちが祝いにやってきた。近所に住む女性がケーキを持参し、洋品店で働くインド人の青年たちがライスプディングを持ってやってきた。暗くなるにつれて人数は増え、屋台を囲むようなかたちでみんなが集まり、立ち話をしたり、座り込んで話したりしていた。カイフォン・パイドンのメンバーでソーシャル・ワーカーのイレーネ（Irene）はここに集まる人たちの関係についてこう話てくれた。「ひとりひとりの詳しいプライバシーまでは知らないけれど、ここで顔を合わせて挨拶したり、ちょっとお茶を飲みながら座って話したりできる関係。そして、それがもともとのパイドン（街坊）の意味でもあるのよ」

マイケルはこの屋台での活動についてこう話す。「今、香港政府は露店商たちに屋台の営業権を手放す代わりに補償金を支払うという政策を進めている。でも屋台が立ち退いた後、その場所は駐車スペースに変わっていくんだ。つまり、暮らしと仕事の場だった路上が単なる自動車の道路へと変わってしまう。使われていない屋台を借りてコミュニティの場へと変えていくことは、翻って香港の屋台街に根付いてきた路上の生活文化を守り、引き継いでいくことと同じなんだ」

室内と路上の中間、プライベート空間とパブリックな空間を一時的に繋げる媒介としての屋台。カイフォン・パイドンのウェブサイトでは、彼らの日々の活動の記録とともに、この屋台に対する近隣の人々の言葉が綴られていて、周囲の人たちの率直な意見や感想を知ることができる。賛同だけではなく、「なぜ、路上で映画をわざわざ見るんだ、家で見ることができるじゃないか」「ほかの店の人間は、あんたたちのことを変人で気難しい人間たちだと思ってるぜ」と否定的な発言も掲載されている。けれどもメンバーたちは、これらの声もまた自分たちの屋台によって生まれた人々の反応であり、パブリックな空間について改めて考える契機になっていると考えている。

この都市で生きる人々の生活は、国際資本による経済的な圧力と中国本土の政治的圧力というふたつの壁によって包囲されている。それでも、香港における公共空間の実践は、このような規制や問題に対して知恵を出し合いながら、都市の中のインフォーマルな空間、小さな隙間を見つけ、それらを公共の空間へと転化させコミュニティへと接続していく。香港、油麻地での路上の実践はどれも、私有化され、分断されてきた空間や社会的関係を再びつなぎ合わせ「都市のコモンズ」に変えていくことを志向している。それは急激な都市化、再開発が引き起こす生活空間の喪失に対する抵抗の技術であると同時に、自分たちの手でコミュニティを、路上を、そして都市そのものを再びつくり出す集団的な創造／実践なのだ。むやみに行政や補助金に頼ることなく、自分たちの力を最大限活用して草の根的に公共空間の実現を試みていく。香港、油麻地の路上の実践に備わっているのは、そのようなＤＩＹ（Do It Yourself）的な自律性、自主性のスピリットだろう。路上をめぐる日本と香港の状況は大きく違うが、厳しい規制や管理に直面している状況は共通している。この香港の路上のスピリットを私たちがどのように受容し、共有していけるのか。それがこれから日本で路上の実践の可能性を考えるための重要な手がかりとなっていくはずだ。

江上賢一郎（えがみ・けんいちろう）

リサーチャー／大学非常勤講師。１９８０年福岡県生まれ。早稲田大学、ロンドン大学ゴールドスミス校 文化人類学修士課程修了。留学中よりアートとアクティビズム、オルタナティブな自立空間のリサーチを開始。現在はアジア圏を中心としたオルタナティブスペースのリサーチ、アートプロジェクト、キュレーション、執筆活動を行なっている。訳書にデヴィッド・グレーバー『デモクラシー・プロジェクト』（航思社）、論考に『Art of the Nuclear War - Collective Creation and Movements』, Creative Space-Art and Spatial Resistance in East Asia, 2013, DOXA, Hong Kong. がある。

TIPS

屋外イベントを成功させる行政手続きの心得

笹《ささ》尾《お》和《かず》宏《ひろ》

Road to 占用許可

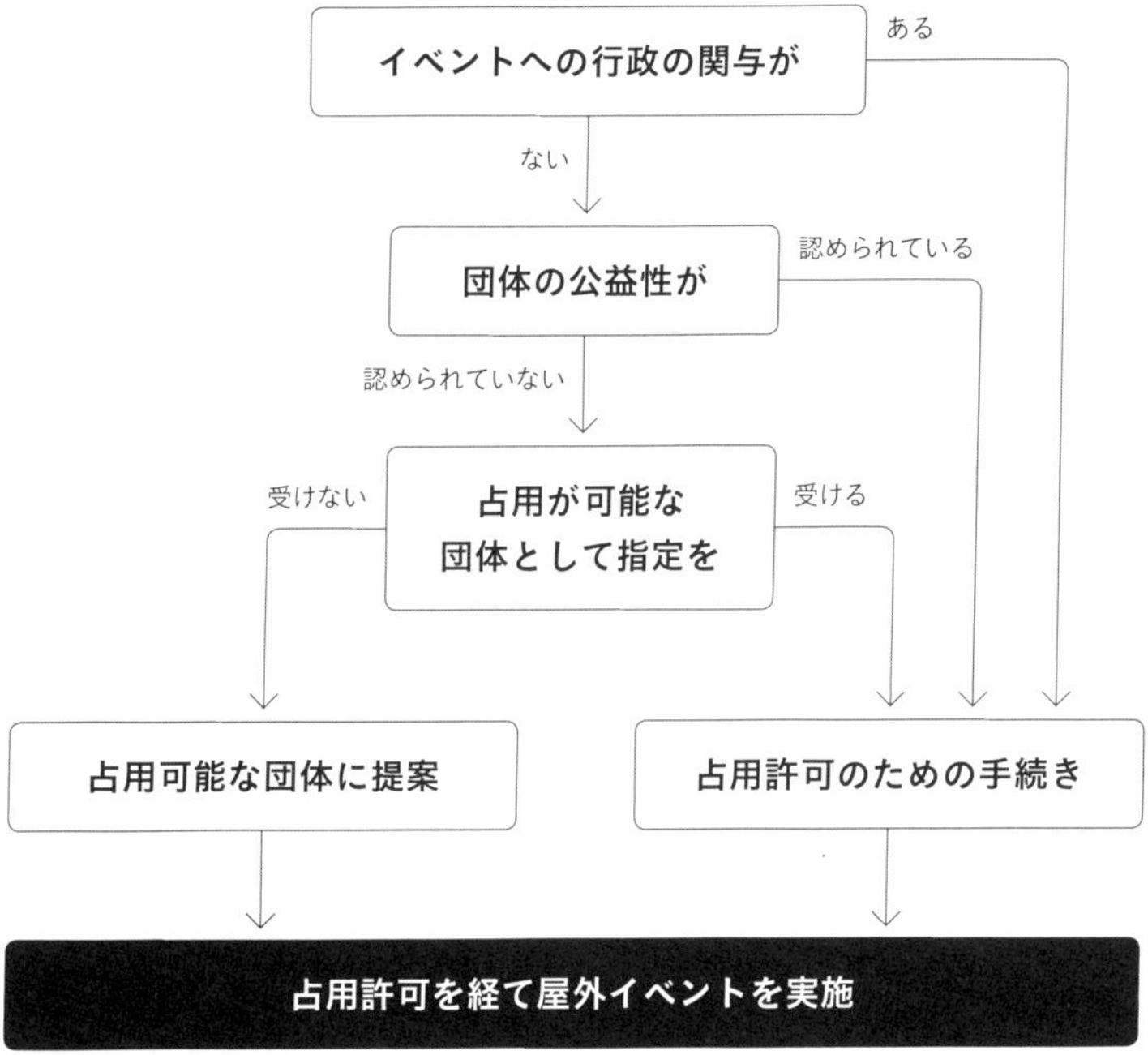

「屋外でイベントをするのに許可って要らないのかな?」

あなたがいざ屋外イベントを実施する時に気になるのが、「許可は要らないのか」といった法律関連の制約だろう。ここでは、屋外イベントを計画するときに許可をはじめどんな手続きが必要なのか、法律上の規定に則って整理したいと思う。私は普段、JR大阪駅の目の前にあるオフィス/ショップ/ホテルなどが複合した大規模施設「グランフロント大阪」の運営スタッフとして、施設とその周辺の屋外空間の賑わいづくりに携わるかたわら、個人として「水辺のまち再生プロジェクト」という市民グループに参加し、大阪の水辺空間の活用・遊びを通じたまちの魅力づくりに取り組んでいる。専門家の力を借りる前にまず自分自身で法律を理解できるようになることは、イベントの企画や準備がスムーズに進むばかりでなく、イベントの難易度をあらかじめ把握することができるようになるという点でも損はない。そこで、公私それぞれの活動で壁にぶつかりながら感じてきた、押さえておくべき法律や行政手続きについてひも解いてみようと思う。

屋外イベントに関連する主な法律

担当省庁	対象	法律の名称
国土交通省	道路の利用	道路法
	河川の利用	河川法
	公園の利用	都市公園法、自然公園法等
警察庁（国家公安委員会）	道路の利用	道路交通法
厚生労働省	宿泊施設の営業	旅館業法
	飲食店の営業	食品衛生法
国税庁（財務省）	酒類の販売	酒税法
文化庁（文部科学省）	音楽・映画等の利用	著作権法

まず自分でも法律の大枠を理解しよう

すべてのルールの最上位概念となる憲法の規定に則り、対象事物ごとの個別のルールとして国全体に通用する法律が定められている。法律は各省庁がその運用を担当している。

国全体の統一的なルールとして定められている法律に対して、地域によって事情が様々に異なる場合に自治体ごとに定められているのが条例・規則だ。法律が全国版だとすると、条例・規則はその地方版だと言える。その都市の大きさによって、都道府県だけが定めている場合もあれば市町村がさらに詳しく定めている場合もある。法律

大阪府内の公園について定めた法律・条例について

国営	府営	市営
都市公園法	大阪府都市公園条例	大阪市公園条例
都市公園法施行令 等	大阪府都市公園条例施行規則 等	大阪市公園条例施行規則 等

や条例・規則には「〜施行令」や「〜施行規則」「〜施行細則」「〜取扱要綱」「〜実施基準」といったより細かな分類や項目、具体的な数値基準や必要な手続き、各省庁や自治体で運用する基準等について書かれたルールが付属している。例えば、大阪に整備されている公園には国営、府営、市営があるが、それぞれの法律・条例に対して関連する施行令や施行規則などが定められている。

これらは、各省庁や自治体のウェブサイトで公開されている。細かい法律の項目を見ていくのも大変だから、初めて見る人は、各法律の冒頭に書かれている「目的」と「定義」に関する短い条文をざっと読むのがオススメだ。そこでは、その法律が何のためのもので、何を対象にしているのかが書かれている。実施しようとしている屋外イベントが、その法律の対象に当てはまるのかどうかを確認するのに役に立つはずだ。屋外イベントに関係する法律をチェックするには、イベントの内容を「場所」と「コンテンツ」のふたつの視点、つまり「どこで」と「なにを・どのように」で整理するとわかりやすい。まず「どこで」に関係がある法律を見ていこう。

公共空間で屋外イベントをするには占用許可がキモ

場所がなければイベントができない。自分の土地やあらかじめ使わせてもらえるスペースがない限り、特に屋外でイベントを行なう場合には場所を見つけることは最初にして最大の難関となる。まず候補となる場所が見つかったら、それが公共空間なのか私有地なのかを判断して、公共空間の場合は法律上どんな位置づけなのかを調べる必要がある。法律上の位置づけに対応する行政の担当部局がイベントの可否を判断するためだ。正確に窓口に問い合わせる上でも担当部局と対等に意見交換する上でも、法律上の位置付けを知ることは重要だ。

公共空間をイベントのようなかたちで独占的に使う（「占用」という）ためには、それぞれの法律で定められている条項に従って許可を受ける必要があるが、まず一番最初にぶつかる壁は、法律には「どうすれば許可を受けられるか」まで書かれていないということだろう。公園の場合は予め許可を受けられるスペースが決まっていることも多く、抽選や先着順で許可を受けることができるが、それ以外のスペースではただ申請しても基本的には許可は下りない。占用することは「公共空間は誰もが自由に使えるべき」という基本的な考え方を一時的にであれ崩すことになるため、そのイベントがどんなに魅力的であっても、多くあるイベントのうちのひとつに安易に許可を出すということは慎重に判断されるからだ。そこで、公共空間の占用を許可してもらうには、そのイベントが単なるお金儲けのためだけではなく、地域住民の満足度向上や地域の活性化・課題解決などのメリットにつながること（ここでは「公益性」と表現したい）を担当部局に証明する必要がある。では、それならどのような方法でそのイベントの公益性を示せばいいのだろう？　各省庁や自治体が公開しているいくつかのガイドラインを読めばイメージはつかめるかもしれないが、もう少し平たく具体的に説明してみようと思う。

そのイベントに公益性はあるか？

イベントに公益性があると判断する上で最もシンプルなのは、イベントに対して行政の前向きな関与があることだ。実際に目にする公共空間でのイベントの多くはこのパターンだと言える。イベントに賛同する自治体の部局が企画者側のメンバーになっていたりイベント内のコンテンツ・プログラムを担当していたりする場合と言えばわかりやすいだろう。行政が強く進めたい政策とイベントの実施趣旨が一致し占用に対してバックアップしてもらうこと

北浜テラスの様子

ができれば、許可を受けられる可能性がぐんと高まる。私自身の身近な経験では、兵庫県西脇市出身の友人が、「生まれ育ったまちに参列者を招待し地域の魅力に触れてほしい」と地元で結婚披露宴を開催する際、本人の思いと、移住促進を進めたい市役所の担当者との思いが一致し、一緒になって公園部局との協議を進めることができた。その結果、まちのシンボルである日本のへそ公園の占用許可を受けて公園の芝生広場での披露宴が実現したという出来事があった。

イベントそのものへの行政の関与が難しい場合には、イベントを実施する団体の公益性を行政に認めてもらうという方法がある。私たちにとって身近な「公益性が認められている団体」といえば、地元の町会や商店組合などの地域を代表している団体が挙げられる。町会がバザーや夏祭りなどを地域の公園で実施しているのを目にしたことがあるかもしれないが、こうした整理に基づいていると言えるだろう。水辺のまち再生プロジェクトが関わっている事例としては、川沿いのビルの店舗が川とビルの間の河川区域を占用してテラスを運営する取り組み、「北浜テラス」（大阪市中央区）がある。大阪の河川空間の活性化を進めようと、地元のビルオーナーや店舗経営者が中心となってつくった運営組織「北浜水辺協議会」は過去2回の社会実験を経て自治体からその公益性が認められ、河川区域の占用許可を受けることができた。

占用が可能な団体として指定を受けられる仕組み?

ここ最近、地域の活性化のために民間団体の力を取り入れて公共空間の魅力づくりを進める動きが全国的に盛んになってきていて、公共空間の占用を含む公益的な活動を行なう団体を公共空間ごとに指定する仕組みの活用が進んでいる。団体の位置づけ方としては大きく2通りがある。ひとつは、国や自治体がエリアの魅力づくりを進めるためにまちづくりの計画書を作成し、その計画の中に公共空間を占用できる団体を定めるというものだ。国際競争力

左：青空ヨガ　右上：パーソナルモビリティの試乗体験会　右下：ワインイベント

の強化を目的とした「国家戦略特別区域の区域計画」、都心部の賑わいづくりを目的とした「都市再生整備計画」、空洞化したまちなかの再生を目的とした「中心市街地活性化基本計画」などがこれにあてはまる。グランフロント大阪が位置するエリアでは前のふたつの計画がある。国家戦略特別区域の区域計画では車道を使った発信力の高いイベントを行なうことができ、これまでに青空ヨガやパーソナルモビリティの試乗体験会やアートパレードなどが実施された。都市再生整備計画では歩道を使ったエリアの賑わいづくりを行なうイベントとして、これまでにロングテーブルに一斉に並んで座るワインイベント、コーヒーマルシェ、アウトドアライブラリー、キッチンカーな

犀川リバーカフェ（金沢市）の様子

どのイベントが実施された。グランフロント大阪の運営組織がエリアの魅力を高める団体として各計画の中に位置づけられることによって、公共空間でのイベントの実施・受入に関してはかなりスムーズに許可を受けることができている。

団体の位置づけのうちのもうひとつは、自治体が行なっていた公共空間の整備や管理運営などの代行業務を請け負う団体を公募で選び、その団体によるイベント実施もあわせて認めるというものだ。主に活用されている制度としては「指定管理者制度」と「道路協力団体制度」だろう。指定管理者制度は既に整備されている公共空間の管理運営を代行するのに適した制度で、特に公園で多く実績があり、全国で13000以上の公園で導入されている。道路協力団体制度は道路の維持管理のうち清掃や植栽管理などの業務に協力するもので、徐々に活用が広まってきている。金沢市では金沢片町まちづくり会議が道路協力団体の指定を受け、犀川《さいがわ》大橋を舞台に「犀川リバーカフェ」を実施し、欄干をバーカウンターに見立てて犀川と橋の景色を楽しみながら飲食を楽しめる空間を生み出している。

こうした計画や代行による仕組みは公共空間を占用するイベントには極めて有効だが、指定された団体はイベント実施とあわせて維持管理も実施するなど継続的にまちづくりに取り組まないといけないという点を気に留めておく必要がある。また、計画書の作成や代行制度の立ち上げは国や自治体が主体的に行なう必要があり、残念ながらイベントの企画者側だけで動いて整えられるものではない。地域から声を挙げて国や自治体にこれらの仕組みの必要性を伝えることは何よりもまず大事だが、並行してていねいな対話を重ねて地域の課題やイベントによるメリットを共有しながら、根気強く取り組む姿勢が求められる。

公共空間でシンプルにイベントを実施したい場合は?

こうして見てきたように、団体としての公益性を認めてもらうためには、継続的なまちづくり・地域活動が前提となっているので、「屋外イベントで街を盛り上げたい」というシンプルな思いがモチベーションになっている場合は正直なところ少し重いと感じるだろう。そ

大通すわろうテラス（札幌市）

のような場合に打つ手はないのだろうか？

直接占用許可を受けるためのアプローチではないのだが、公共空間を占用することができる別の団体にイベント企画を提案するという方法が残されている。その提案が受け入れられれば、提案先の団体が公共空間を占用し、彼らの承認のもとでイベントを実施することができるようになる。

そのような公共空間がどこにあるかは自治体のウェブサイトなどで地道に調べる必要があるが、イベントの申込み窓口を設けて積極的に提案を受け付けている公共空間もある。札幌市では都市再生整備計画に基づいてウッドデッキやコンテナで歩道を常設占用し、イベントを受け付けている「大通すわろうテラス」という取り組みが行な

札幌市北3条広場「アカプラ」(札幌市)

われている。ウェブサイトで公開されている出店要項の内容を読んで申し込みをすることでイベントを行なうことが可能だ。他にも、富山市の商業施設総曲輪《そうがわ》フェリオに隣接した広場「グランドプラザ」や札幌市の道路に整備された広場「チ・カ・ホ」「アカプラ」といった公共空間は指定管理者制度によって管理運営されており、ウェブサイトやパンフレットで公開されている申込書の提出を通じてイベントを行なうことができる。

私有地でのイベントなら
行政手続きは不要?

私有地内の屋外空間でイベントができる

かどうかは、基本的にはその地主の判断で決まる。イベントの魅力や安全面についてていねいに伝え、地主に迷惑がかからないことを理解してもらい、場合によっては使用料を払うなどして同意が得られれば話は早い。ただし、その屋外空間の利用について行政手続きが一切不要かというと実はそうもいかない。地主が行政から屋外空間の利用上の制約を受けている場合があるからだ。制約によっては有料コンテンツや通行止めができないものもある。私が知りうる制度について以下に挙げているので、それらが適用されているかどうか地主に確認し、必要に応じて行政手続きを行なってほしい。

敷地単位で適用されるもの：総合設計制度
街区単位で適用されるもの：特定街区、高度利用地区、地区計画、都市再生特別地区

なお、いくつかの都市ではこれらの制約の緩和措置が整備されている。東京都ではこれらに当てはまる屋外空地では原則として有料イベントができないが、魅力的な街並み形成を進めていくために「東京のしゃれた街並みづくり推進条例」が定められ、現在では一定の条件をクリアすることで有料イベントを行なえるようになっている。

手続きが必要になる主なコンテンツ

屋外イベントのコンテンツ	法律（及び関係する例規）	必要な許可・免許・届出
飲食の提供	食品衛生法	営業許可（第52条）
お酒の販売	酒税法	酒類販売業免許（第9条）
宿泊サービス	旅館業法	営業許可（第3条）
音楽の放送や映画の放送	著作権法	著作者による承諾（第22条他）
会場の移動や送迎サービス	旅行業法	旅行業登録（第3条）
	道路運送法	旅客事業者運送事業の許可（第4条、第43条）
映画、ライヴ、スポーツなどの上演	興行場法	営業許可（私有地のみ）
	消防法	催物開催届出書

営業行為に当てはまる？ 安全面の心配は？

次に「何を・どのように」の視点で法律を整理してみたい。屋外に限らずイベントを実施する場合、ウェブサイトやSNS、フライヤーを作成して参加者を広く募り、当日は飲食サービスや音楽ライヴといったコンテンツを展開することが多い。このような営業行為に当てはまるコンテンツがある場合、イベント参加者に対する安全性と質を担保するために営業許可・免許の取得・届出といった行政手続きが必要となる。例えば、飲食サービスを提供する場合は露店営業許可や自動車営業許可などが必要になるし、音楽ライヴをする場合はコピー曲を

行政手続きの要否について確認が必要な要素

要素	法律等	主な確認事項
会場レイアウトや配置	消防法及び関連する条例・規則	避難経路の動線上に該当していないか
什器・備品		火器を用いるか
天井の有無		スプリンクラーがついている空間か
設置物の規模	建築基準法及び関連する条例・規則	建築物に該当するか
		高さ4mを超えるか（塔等）
第三者への影響	生活環境保全条例	大きな音が出るか
	迷惑防止条例	強い匂いや煙が出るか

演奏するなら著作権料の支払いが必要になる。どのような内容の時に手続きが要るかについては各法律に記されているので必要に応じてチェックしてみよう。

さらにコンテンツによって事件や事故の可能性が高まりそうな要素がある場合は、その内容に応じて行政手続きが必要になる。例えば火を使って食材を加熱する場合や、大きな工作物として会場装飾や小屋をつくる場合などが当てはまる。これまで経験したものをいくつか挙げたので参考にしてほしい。

グランフロント大阪では毎年夏になると「都心版の川床」をコンセプトとしたバーイベントが行なわれ、敷地にあるせせらぎの中にテーブ

せせらぎを活用した夏のバーイベントの様子

ルとイスを置き、足を浸して涼をとりながらお酒が飲める空間が現れる。このイベントでは、出店する飲食店舗が新たにこのイベントのための露店営業許可を取得し、火気の確認や避難経路の確保、設置可能な什器・備品の仕様と位置について消防署と協議を行ない、届出・立会確認をした上で実施している。

そのイベント、ホントに手続きが要るの？

私たちは、行なおうとするイベントをより具体的にイメージし、該当する法律をよく読み込んで理解し、手続きが必要かどうか考えた上で、それでもわからない部分を的確に担当部局に問い合わせる必要がある。それらの準備をせずに不用意に問い合わせると、望まない結果を招いてしまいかねないからだ。相手に許可を求め判断を委ねることは、時に相手に責任を押し付けることにもなる。実際に問い合わせる時には、「どうしたらイベントができるか」

と漠然と聞くのではなく、「こういうやり方・考え方でイベントを行ないたいと考えているが、○○法○○条の内容に当てはまるか」と、前提条件を添えて法律に抵触するかどうかをイエス・ノーで問い合わせることが望ましい。イベントのやり方や考え方について担当部局の理解が得られないと、許可を受けてまでしなくてよかったことを、わざわざ許可を受けて実施するよう指導されてしまうことがあるからだ。屋外イベントには、最終的には自分で判断し、時には自分で尻を拭う「自己責任」という基本的スタンスが求められる。

手続き無しで実施する「ゲリラ」と表現されるイベントは、必ずしもそのすべてに違法性があるわけではない。法律の趣旨に適っていて条例の中の禁止行為や手続きを要する行為に該当しなければ、周りに配慮しつつ理解を得ながら「ゲリラ」で行なうという選択肢がある(公共空間については各管理事務所が決めたルールやマナーも確認しよう)。食品衛生法関連だと、飲食物を提供したい場合は包装された市販品をそのまま販売したり無料提供にしたりすれば営業許可などは要らない。著作権法関連だと、非営利・無料・無報酬であれば著作権料を払わずに映画上映会を勝手にやってもかまわない。大勢の人々が一斉に公園に集まって楽しむ春のお花見も、参加者がまちのスポットを遊歩するガイドツアーやロゲイニングも占用の手続きは不要だ。水辺のまち再生プロジェクトの取り組みのひとつ「大阪ラブボート」は参加者が手漕ぎボートで大阪の都心部の川に繰り出して、より川と近い距離で手軽に水辺体験をしても

左：大阪ラブボートの様子　右：水辺ランチの様子

らうイベントだが、ゴムボートを川に浮かべるのに免許も許可も必要ない。管理事務所に問い合わせても「護岸を傷つけてはダメ」としか言われない。別の取り組み「水辺ランチ」は、日ごろ見落としている水辺のスポットに集まってランチを楽しむことでスポットの魅力を見つける飲食イベントだ。多い時には30名以上の参加があり、これまで新聞やニュースサイトに何度も登場したがイベントを実施するのに占用許可は受けていない。というのもイベントのために行なっているのはスポットと時間を決めてメールやウェブサイトで呼びかけるだけ。なので、会場に行くとたくさんの人が集まって盛況ぶりが伺えるのだが、実態としては個々のバラバラのグループが自発的に集まって自らランチタイムを楽しんでいるに過ぎない。空間の魅力を知ってもらうために個々がそれぞれに体感するのが目的だから、わざわざ占用許可を取って会場設営する必要はないと判断したのだ。

行政手続きはイベントの幅を広げ効果を高めるために必要に応じて進められるべきだ。イベントを企画する際には「何のために何をしたいのか」を軸に、それに付加価値となるメニューを足していくといい。イベントに必要なクオリティが見定められて、法律の趣旨や内容、制約を的確に理解することができると、行政手続きを経てまでその付加価値を付け加えるべきなのか、やりたいことをどう実現するかが見えてくる。

ある程度確認したら、あとは実践しよう!

ここまで、私自身の経験に基づいて法律上の行政手続きについて整理をしてきたが、必ずしもそのすべてが網羅できているわけではないし、今後イベントの企画を実際に進めていく中で、後になってから手続きが必要だったと気づくこともあるかもしれない。ただ、だからといってイベントを行なうことに二の足を踏むのではなく、自分なりに当てはまりそうな法律を確認してみて問題がなさそうなら、まず実践してみてほしい。不安が残っているなら小さく始めて法律上でどんな課題が起こりそうなのか確かめてみるのもいい。やりたいと思い立ったそのイベントの魅力を実際に体験することが何よりも大事だ。

私自身が取り組んだイベントの中にも、はじめは行政手続きを経ずにスタートしていくうちに、認知され評価が高まり、改めて自治体に認めてもらった上で実施できるようになったものがある。学生時代に所属していたゼミと地元商店街との協働による路上のレースイベント「ゑびす男選び」は、初年度は道路使用許可を取得しないまま開催してしまった。実施後に警察からお咎めを受けることになったものの、町会への事前報告ができていたこと、自治体や大学にイベントを好意的に受け止めてもらえていたことが功を奏し、次年度からは道路使用許可を受けて開催されている。「水辺ナイト」は、ライトアップされた川の景観を楽しむ夕涼みイベントで、水辺のまち再生プロジェクトとして毎年夏に実施していた。延べ参加者３００人を超えながらも長い間占用許可を取らずに「参加者が自発的に集まっているイベント」として継続していたが、大阪の水辺の魅力を広く発信するための公民連携事業「水都大阪２００９」の公式プログラムに位置づけられるにあたり、正式に許可を受けて実施されることとなった。

法律は、その時々の生活文化や社会現象などを反映させながら、私たちが安全と秩序をもって共により良い暮らしを送るために定めてきた共通のルールだ。どちらかというと望まれな

左：ゑびす男選びの様子　右：水辺ナイトの様子

い事態を前提に厳しめに定められていることの方が多いし、個別の事情にまできめ細やかにフィットした内容にはなっていない。そのため、もしかするとイベントを行なう中で何か法律上の誤り発覚することがあるかもしれないが、「事故が起こらないか」や「周りの人を嫌な気分にさせていないか」といった点に対する配慮さえできていればまず大きな問題にはなることはない。警察や行政からのお咎めがあっても、きちんと対話ができるはずだ。大事なのは、お咎めがあれば誠実に謝って反省し、なぜ咎められているのか正確に確認することだ（問題がないのに未然防止の観点で指導されているだけのこともある）。その上で、その場で正すなり次回以降に生かすなりしてその機会を有効に活用すればいい。

笹尾和宏（ささお・かずひろ）

１９８１年７月生、36歳。大阪出身、大阪在住。大学生のころから「水辺のまち再生プロジェクト」などの活動を通じて公共空間を使ったイベントを実施。建設会社にて不動産開発・コンサルティング（建築計画、開発計画の企画提案、事業推進）に従事した後、現在は大規模複合施設グランフロント大阪の運営スタッフとして、主に公共空間のマネジメントを担当（２０１８年３月時点）。

あとがき

ユニークな屋外イベントの様子がＳＮＳで拡散され、「こんなイベントをやりたい！」「こんな風景がつくりたい！」という潜在的な市民の欲求に応える例が増えているような気がする。

それはそれで喜ばしいことではあるのだが、どうしてもこうしたイベントは表面的なインパクトのある写真ばかりが取り上げられ、「じゃあ、いったいどうしたらそんなイベントができるの？」というノウハウ部分に関しては、裏方の地味な仕事として影に隠れてしまいがちだ。

本書は、新しい路上の風景をイメージするだけでなく、また論じるだけでもなく、それを実際に実現するまでのプロセスをあえてクローズアップし、地道な努力のみが、唯一最初に抱いたゴールへのルートを導き出してくれる、ということを伝える本である。

もともとまちづくりや景観づくりに関心のない人々も、屋外の公共空間で私的なイベントを開催することが好きだ。例えば新宿のオフィス街で行なわれるカラオケ大会「新宿三井ビルディング会社対抗のど自慢大会」。三井ビルに入居する企業の社員が、カラオケのうまさを競い合うイベントなのだが、なんと、ビルが竣工された１９７４年からテナント対抗で行なわれている老舗イベント。そんな内輪でニッチなイベントがここ数年で大きくニュースに取り上げられるようになったのも、SNS時代を象徴した出来事のように思う。

プレスリリースも出さず、積極的にメディアに取り上げられることがない、こうした「半分閉じられて半分開かれた」路上イベントは、全国各地で無数に行なわれているに違いない。公/私の境界は玉ねぎの皮のように幾層も重なっており、僕たちはその中のどのレイヤーでイベントを行ないたいか、どんな人たちと空間を共有したいか常に考えておく必要がある。すべてに許可や申請を通す必要は、本当はないのかもしれない。いや、でもその場の悪ノリでやってトラブルになるのは避けた方がいいだろう。どちらを選ぶにしろ、本書を手に取りどんなスキルや知識が必要かあらかじめイメージしてもらえたら幸いである。


作家の赤瀬川原平氏は、考現学の祖・今和次郎が戦後のバラック建築を取り上げたことに触れつつ、「考現学―路上観察学の視線の源は、破壊と再生の谷間の原点に隠されている」(『路上観察学入門』、筑摩書房)と語っている。

大きな災害や戦争が起こることによって、富裕層は資産を失い、資産を持たない貧困層は闇市のカオスの中から新しいビジネスチャンスを得る。そうやって機会が均等に均され、初めて共通の関心、つまり「人びとの間に生起する出来事への関心(interest)」によって公共空間に投げ出される。都市―公共空間は、社会構造をリセットする大きな事件によって奇しくもスタートラインを一緒にされてしまった、異なる階層にある人々の実験場になるわけである。

成熟した資本主義社会のただ中にあるこの国で、階級差がゼロにされるような大きな事件がここ最近、起こったわけではない。しかし、様々な分野で社会構造の老朽化、ほころびが露見しつつあることに、異論がある人はいないだろう。グローバル資本主義の流れの中で、ナショナリズムが盛り上がる一方、格差が拡大している。市民それぞれが様々な角度で関わりしろのある公共空間が都市空間に生成し、機会が均される瞬間を求める人は多いと思う。

3・11の震災もその流れの後押しをしたように思う。災害はナショナル・アイデンティティを補強するのではなく、異なる属性を持つ市民が「共通の関心ごと」に暴力的に向き合わなければならない事態を生み出すからだ。そんな時、あらゆる階層の市民が使うインフラを、京阪電鉄のように共通の関心ごと（酒を呑み交わす）でオープンにしてみてはどうだろうか。結婚というセレモニーを身近な公園で気軽に、友人知人親族を招いて開いてみたらどうだろうか。

オリンピックに向けて、時代遅れのタワーマンション開発に勤しむゼネコンは、入居者を募集する広告にかりそめの夢を刻印する。「アーバンリゾート」だとか「都会のオアシス」だとか銘打ったそれらの広告は、香ばしい「マンションポエム」として揶揄されている。本当に、そんなアーバンリゾートに暮らして優越感に浸りたい人がどれだけいるのだろうか。実際、空室だらけで、誰も恥ずかしくて入りたいと思わないだろう。

いわば、こういう、大資本が再生産するかりそめの夢と、現実的な市民の欲望がかけはなれた2010年代後半の今もまた、戦後の、あるいは関東大震災直後と同じような、「社会システムの崩壊」という〝焼け野原〟のただ中にあると考えてみるといい。これまでの古いルールは通用しない。公共空間を自分たちの手に、そして社会のあらゆる構成員にとって興味深い（interestな）空間にすること、そのための手立てを考えること。それが、これからの公共空間に必要とされる視点なのではないだろうか。

屋内の秘密基地ではなく、屋外でのイベントづくりについて紹介する本をつくりたい、と相談し、実現までサポートしてくれたDU BOOKSの筒井奈々さん、素敵なデザインを施してくれたデザイナーの漆原悠一さん、イラストレーターの藤田翔さん、ありがとうございました。

本書が、路上や屋外の風景を変えることなんて自分にはできないと思っている様々な市民の方々の手に渡り、各地でユニークな路上実践が生まれる未来を期待している。

影山裕樹

編著
影山裕樹（かげやま・ゆうき）

1982年東京生まれ。編集者、合同会社千十一編集室代表。雑誌編集部、出版社勤務を経て独立。2018年、合同会社千十一（せんといち）編集室を設立。アート、カルチャー書を多数手がける傍ら、全国各地で様々な地域プロジェクトに編集者として関わっている。著書に『大人が作る秘密基地』（DU BOOKS）『ローカルメディアのつくりかた』（学芸出版社）、近年の主なプロジェクトに「十和田奥入瀬芸術祭」（2013、エディトリアル・ディレクション）、「CIRCULATION KYOTO」（2017、プロジェクト・ディレクター）などがある。青山学院女子短期大学非常勤講師。路上観察グループ「新しい骨董」メンバー。

ISBN978-4-86647-059-7
Printed in Japan

あたらしい「路上」のつくり方
実践者に聞く
屋外公共空間の活用ノウハウ

2018年5月1日　初版発行

編著　影山裕樹
著　武川寛幸・柿原優紀・吉城寿栄・以倉敬之・高岡謙太郎・榊原充大・江上賢一郎・笹尾和宏

デザイン　漆原悠一（tento）
イラスト　藤田翔
編集／制作　筒井奈々（DU BOOKS）

発行者　広畑雅彦
発行元　DU BOOKS
発売元　株式会社ディスクユニオン
東京都千代田区九段南3-9-14
編集　tel 03-3511-9970 ／ fax 03-3511-9938
営業　tel 03-3511-2722 ／ fax 03-3511-9941
http://diskunion.net/dubooks/

印刷・製本　図書印刷株式会社